Saggi

LELLA COSTA

racconta

Se non posso ballare non è la mia rivoluzione

SOLFERINO

SOLFERINO

www.solferinolibri.it

Pubblicato in accordo con S&P Literary –
Agenzia letteraria Sosia & Pistoia

ISBN 978-88-282-1588-2
Prima edizione: marzo 2025

Prefazione
di Serena Dandini

Ma chi l'avrebbe detto? Dal lontano 1988, quando ho chiamato Lella Costa a partecipare alla prima *TV delle ragazze* insieme a un gruppo inedito di artiste talentuose, non ci siamo più perse. Lei, già decisa e illuminata dalla sua bravura, non poteva mancare in quel progetto – come si diceva una volta – molto «sperimentale». Eravamo alle prime armi, giovani, un po' scapestrate e desiderose di dimostrare, se non al mondo, almeno al pubblico televisivo italiano, che le donne avevano tutte le carte in regola per far ridere tanto quanto gli uomini, se non di più. Oggi potrebbe forse sembrare un'ovvietà, ma allora non era facile per delle ragazze convinte di possedere la magia del *sense of humour* farsi largo in un campo, quello comico, considerato quasi «per natura» appannaggio esclusivo del genere maschile e, non contente, avere anche l'ardire di scriversi i testi da sole. C'erano degli esempi luminosi, dei fari nel buio, come Franca Valeri, a cui non a caso la nostra Lella ha poi dedicato nel corso della sua scoppiettante carriera un omaggio affettuoso. E c'era Monica Vitti, che deteneva il Santo Graal ambito da ogni attrice, ovvero la capacità di far ridere e far piangere, magari nello stesso film. Questo superpotere così speciale Lella Costa lo ha sempre posseduto, raffinandolo nel tempo in tanti suoi spettacoli in cui si ride, ci si commuove e si riflette sulle cose della vita e del mondo.

Le nostre strade sono state come due rette parallele che, al contrario della regola, si sono incontrate spesso e volentieri. Ed è stato il teatro il luogo galeotto, terra libera, altrove assolato dove realizzare sogni, idee e progetti. Così, anni dopo, quando ho portato sul palco *Ferite a morte*, i miei monologhi contro il femminicidio, non poteva che essere lei l'interprete ideale, insieme a un manipolo di attrici stupende. Lella era lì dal primo giorno e ha attinto dal suo bagaglio di artista poliedrica tutte le sfumature possibili per rappresentare il dramma ma anche la bellezza di queste vite spezzate, che non sono soltanto dolorose, riuscendo a miscelare la tragedia e l'ironia, come una vera fattucchiera dell'arte scenica.

Nel frattempo siamo diventate mamme e poi nonne e non abbiamo mai smesso di raccontare l'altra metà del cielo, una materia appassionante e ancora inesplorata. Le donne hanno fatto la storia dell'umanità in tutti i campi ma sono rimaste spesso invisibili, ignorate dai libri scolastici, private dei riconoscimenti che si sono guadagnate sul campo: poche decorazioni al merito e tanto meno monumenti e vie intestate nelle città, per ricordare le loro imprese. Per fare almeno in parte giustizia di questa amnesia collettiva che ci ha privato di un imprescindibile albero genealogico ho scritto *Il catalogo delle donne valorose*, una piccola enciclopedia di biografie sorprendenti con l'ambizione di stimolare la curiosità, soprattutto nelle nuove generazioni, sempre più a corto di esempi edificanti. Mi sono limitata a trentaquattro storie, a malincuore, perché più scrivevo più scoprivo vicende straordinarie che meritavano di essere divulgate, ma non volevo esagerare e abusare della benevolenza di lettori e lettrici.

A esagerare, per fortuna, ci ha pensato Lella, con la complicità della formidabile regista Serena Sinigaglia. Quando il terribile duo ha espresso il desiderio di portare in teatro *Le valorose* ero perplessa: «Ma come si fa? Si rischiano le ore piccole...». Poi, quando mi hanno detto che volevano più che triplicare le storie, ho pensato che fossero completamente matte e mi sono subito appassionata all'avventura. Lo spettacolo *Se non posso ballare non è la mia rivoluzione* è un fuoco d'artificio, un atto di fede e di bravura, un gioco di prestigio che solo Lella – grazie alle sue qualità e alla sua poderosa (e per me ancora misteriosa) memoria – è riuscita a offrire al pubblico, che la ricambia con entusiasmo a ogni replica.

Questo elenco puntuale e colorato, sterminato e pieno di ritmo proprio come una bella canzone, restituisce alla gloria del mondo figure stupefacenti che non andranno più perse come lacrime nella pioggia, e riveste di nuovi colori quelle già conosciute. Un'impresa di sorellanza titanica che, con suadente leggerezza, ristabilisce una parità di memoria più che mai necessaria in questi nostri tempi distratti.

Forse l'avete capito che Lella Costa è una mia grande amica... E un'amica è un'amica è un'amica, non c'è altro da aggiungere, un po' come «Una rosa è una rosa è una rosa...», chi l'ha detto? Ma certo, Gertrude Stein, che non a caso fa parte dell'immenso catalogo che Lella, spavalda, ha deciso di incarnare.

Alla mia mamma, che sapeva suonare.
E a Tea, che imparerà a ballare e cambierà il mondo.

Introduzione
Uno spettacolo

«Trentaquattro biografie di donne in un solo spettacolo teatrale? Non si può fare.»

Su questo eravamo tutti d'accordo. Ci sarebbe piaciuto portare in teatro il bel libro del 2018 di Serena Dandini, *Il catalogo delle donne valorose*, ma le donne valorose che raccontava erano, semplicemente, troppe. Non ci stavano, in un solo spettacolo.

«Giusto. Magari una o due. Oppure cento.» Era una provocazione, o un paradosso, quello di Serena Sinigaglia, la mia regista e amica. O forse era vocazione per la maieutica? Il punto è che la sventurata – cioè io – rispose.

«Ma certo, cento!»

Ecco cosa rispose, la sventurata.

Serena mi guardò stranita, ma ormai il seme era gettato. E avrebbe generato *Se non posso ballare non è la mia rivoluzione*, uno spettacolo che di donne valorose, e delle loro storie, ne contiene appunto circa cento.

Ebbene sì: abbiamo deciso di risolvere il problema della ricchezza di racconti aggiungendo altri racconti. Altra ricchezza. E questo non solo ci ha permesso di rendere omaggio alla quantità di talenti femminili dispiegati nella storia, ma ci ha anche dato la possibilità di cimentarci con un tipo di scrittura teatrale, registica e scenica che non avevamo mai tentato prima. E, per affrontare la procellosa impresa, Serena ha fatto salire a bordo anche Gabriele Scotti, giovane scrittore e drammaturgo, che con passione inusitata e precisione da ricercatore si è assunto il compito di individuare, scandagliare e sintetizzare biografie di cui – mi costituisco – a volte ignoravo l'esistenza. E con l'uso del verbo «scandagliare» chiuderei la metafora conradiana.

Ogni tanto qualcuno va a scovarle, le donne che hanno fatto la storia: per vera militanza, o per far bella figura, o perché si aprono le Olimpiadi e servono i soggetti per dieci statue in oro alte quattro metri. La notizia è che chi davvero le cerca poi le trova, così come le troverebbe – se le cercasse – anche chi deve mettere in piedi convegni, giurie, tavole rotonde, trasmissioni televisive, consigli di amministrazione, ministeri e governi in genere a larga maggioranza maschile. Non è vero che non ci sono donne: ci sono. Ce n'è una quantità. Noi, attingendo alla cultura personale, ai ricordi di scuola, ai libri, a Internet, ne abbiamo trovate ben più di cento, e abbiamo dovuto operare delle scelte, se no lo spettacolo sarebbe durato parecchie ore.

Infatti, alla fine di ogni replica arriva regolarmente qualche spettatore a segnalarmi una mancanza, a suggerirmi un nome a cui magari non avevamo pensato. E talvolta cedo alla tentazione di aggiungerne qualcuna, come mi è capitato con

Janis Joplin, o con Michela Murgia. Però finora non ne ho tolta nessuna.

Visto che l'unico criterio è non essere più al mondo, e aver lasciato il segno, le candidate sono, effettivamente, moltissime. Abbiamo anche dovuto distanziarci dalle nostre preferenze, e in questa fase il contributo di Gabriele è stato fondamentale: sia io sia Serena, per esempio, abbiamo una grande ammirazione per Renata Tebaldi, ma quando nello spettacolo si sente *Casta Diva* prima cantata da lei e subito dopo da Maria Callas non c'è bisogno di essere melomani per capire che è un'altra cosa – e basta quest'aria per evocare Callas, che non ha bisogno di altre presentazioni, di altre parole.

Ci sono state donne particolarmente difficili da raccontare, per esempio Audrey Hepburn: avremmo dovuto dedicarle una specie di canto d'amore, di gratitudine, di esaltazione della sua grazia, della sua bravura, della sua bellezza non convenzionale. Abbiamo scelto invece una frase che la collocasse totalmente altrove: lontano da una vita dura in cui aveva patito la fame, lontano dal successo planetario e dai matrimoni sbagliati, lontano dalla malattia. «Chi non crede nei miracoli, non è realista.» Secca, paradossale, meravigliosa. E perfetta per rappresentarla, perché lei stessa è stata un miracolo: dati i modelli femminili dell'epoca, aver raggiunto quell'enorme successo solo grazie al talento, aver mantenuto quella straordinaria grazia nonostante una vita dolorosa, non è niente meno che un miracolo. Quella frase, quindi, racconta sia il suo punto di vista sulla vita, sia lei. E racconta noi, che di miracoli abbiamo piuttosto bisogno (e a volte anche di realismo). Sylvia Plath ha scritto: «Avvengono miracoli / se siamo disposti a chiamare miracoli / certi spasmodici trucchi di radianza».

Ecco, abbiamo immaginato *Se non posso ballare non è la mia rivoluzione* come un ininterrotto trucco di radianza, un flusso continuo, senza didascalie, categorizzazioni, spiegazioni. Però, per darci un orientamento e per trovare un'armonia, abbiamo in effetti suddiviso le nostre eroine nei vari campi dello scibile umano: artiste, scienziate, letterate, giornaliste, politiche (anche se poi nello spettacolo le avremmo mescolate). E indovinate un po'? Non abbiamo trovato un ambito, neanche uno, in cui non comparissero eccellenze femminili. In ogni settore che abbiamo indagato, la loro traccia è emersa luminosa, naturale, facile da seguire, e spesso ci ha condotto ad altre donne, ad altre storie altrettanto belle.

Trucchi di radianza, appunto.

Abbiamo combattuto anche noi contro la pigrizia. Perché non c'è solo quella di chi dice «Non ci sono donne»: c'è anche quella di chi ricorda, di ciascuna, un unico dettaglio, sempre lo stesso, non sempre lusinghiero e in genere impreciso. Audrey Hepburn era anoressica, Virginia Woolf è morta con dei sassi in tasca, Giovanna d'Arco vedeva la Madonna, Eleonora Duse faceva le orge con D'Annunzio e via così. Noi tre siamo andati in cerca di punti di luce diversi, di piccole folgorazioni: nessuno si aspetta, su Virginia Woolf, un brano così intenso sulla danza, e pochi ricordano le intricate vicende famigliari di sua sorella Vanessa. Nel rappresentare le attrici, mestiere difficile da bonificare dai luoghi comuni, non abbiamo mai posto l'attenzione sulla loro professione e sui loro trionfi: ci siamo concentrati sulle ispirazioni che ci hanno regalato, rilevanti *grazie* al loro successo, e vere *al di là* del loro successo.

Abbiamo, insomma, lavorato affinché ognuna delle protagoniste avesse una riconoscibilità, una personalità. Il tutto, ovviamente, in poco più o poco meno di un minuto a testa. Un'operazione impegnativa che ha unito scrittura e drammaturgia. Scegliere quali donne includere, decidere cosa dire di loro e cosa far loro dire, montare i pezzi in un ordine che desse significato e ritmo alla narrazione: scrittura su carta, scrittura di palcoscenico e regia si sono intrecciate come mai prima in questo nostro lavoro di squadra. E proprio grazie a questo lavoro mi sono resa conto una volta di più della differenza tra parola scritta e parola scenica, e spesso mi è capitato di aggiungere – quasi istintivamente – al copione una sfumatura interpretativa o una battuta. Per esempio, l'accento serbo con cui parlo della moglie di Einstein e la domanda finale – «Chissà come si dice "coda di paglia" in serbo» – sono nati durante le prove sul palco. E, non a caso, lì arrivano sempre una risata e un applauso, esattamente come succede dopo la straordinaria battuta di Franca Valeri: «La morte del marito è un così grande dolore che nessuna donna ci rinuncerebbe». E qui forse varrebbe la pena di chiedersi il perché di quell'applauso...

Alcune protagoniste sono raccontate in terza persona, altre si raccontano direttamente in prima persona, altre ancora sono evocate attraverso frasi dette o scritte da qualcun altro, come nel caso dello straordinario, struggente ritratto che Truman Capote dedicò a Marilyn Monroe, cogliendone tutta la fragilità al di là della bellezza. Ci sembrava necessario variare il ritmo, creare sempre uno scarto, una sorpresa.

Il risultato è uno spettacolo che amo moltissimo, benedetto da una coincidenza perfetta di forma e contenuto. Una cavalcata a perdifiato tra i tempi e i luoghi più diversi, in cui ogni donna compare nel suo inimitabile bagliore: che sia un evento della sua biografia, una frase, una manciata di versi. Un fiume di talenti femminili che travolge gli spettatori senza spiegazioni, senza preamboli, tanto che magari tuffarcisi, in questo fiume, o anche solo orientarsi, all'inizio non è facile. Finora, però, non è mai affogato nessuno.

Certo, il pubblico non può mai essere passivo, deve seguire con attenzione, mettere in gioco le proprie competenze, elaborare comprensione ed emozione in modo molto rapido. Qualcuno, soprattutto i maschi, alla fine mi compare davanti nel camerino e si confessa: «Certo, per me è stato uno spettacolo un po' faticoso». Quello che penso (dopo aver parlato, ballato, cantato, corso su e giù e avanti e indietro sul palcoscenico per due ore), e che non dico (perché nonostante tutto l'attitudine protettiva è dura a morire...), è: "Per TE?". Quello che dico sorridendo è: «Non buttarti giù, sono sicura che se ti applichi la prossima volta andrà meglio». Perché io credo nell'intelligenza del pubblico. Anche maschile.

All'inizio, in scena, prima che sul grande totem compaia il primo nome, appare un orologio che segna l'ora esatta di quel momento, l'attimo preciso in cui inizia lo spettacolo. Qui e ora, unità di tempo-luogo-azione, unicità dell'evento – roba che anche Aristotele dovrebbe esserne ragionevolmente soddisfatto. Alla fine, quando l'ultimo nome – quello di Elsa Morante – è sparito da un po', ricompare l'orologio, altro piccolo trucco di radianza che ci riporta alla realtà. A quel punto le persone pensano indifferentemente: "Ma come, è durato così poco?", oppure: "Ma come, è durato così tanto?". E la cosa fantastica è che in realtà vogliono dire precisamente la stessa cosa. Quello è un momento sospeso, bisogna riprendere fiato, sciogliere a poco a poco la tensione: infatti l'applauso raramente è immediato, c'è bisogno di un tempo, di un respiro. Poi in genere arriva un'esplosione, una sorta di catarsi. A volte il finale è da stadio, da concerto rock. Anche perché la musica che lo accompagna (scelta, come tutte le altre, da quella fata dei suoni che è Sandra Zoccolan), e sulla quale ballo e salto come mai nella mia vita quotidiana riuscirei a fare, è davvero travolgente. E io sono banalmente, totalmente felice.

Perché l'enorme privilegio di aver lavorato in questo modo, con una scrittura, una drammaturgia, una regia così pensate, così condivise, mi regala un'interezza assoluta: ogni pezzo, ogni parola me li sono scelti. Cuciti addosso, come si dice. Al di là della curiosità o dell'incantamento per biografie di donne che magari non conoscevo, tutti i contenuti sono parole sotto cui potrei mettere la firma. È esattamente quello che avrei voluto dire: lo hanno detto loro, io l'ho imparato e lo condivido, lo amplifico, lo trasformo in storie.

Spesso mi chiedono: cento donne, diversissime per biografie, epoche, accenti, dialetti, lingue (come avrei potuto non far parlare Saffo in greco antico, anche se solo per pochi versi?), e poi musiche, formule matematiche, persino un poema antibiotico, ma come fai a non confonderti, a ricordarti tutto?

Con il corpo.

Come ho già detto, in scena c'è una struttura praticabile (ideata e realizzata da Maria Spazzi, per la quale provo ammirazione e gratitudine sconfinate) che serve a ospitare me e loro: me fisicamente, e loro, le mie protagoniste, sotto forma di nomi. Abbiamo subito capito, infatti, che dovevamo proiettare i nomi mentre io procedevo nella narrazione, perché non dovessi essere io a elencarli con un effetto da enciclopedia Treccani o, peggio, da giaculatoria penitenziale. Proiettare nomi che continuamente appaiono e scompaiono in vari punti di quell'impalcatura, e soprattutto in perfetta sintonia con il testo, era però molto più facile a dirsi che a farsi. Infatti a Roberto Canavesi (che in realtà di suo farebbe il fonico, ma che si è totalmente appassionato alla sfida) sono state necessarie ore di studio e notti di chat con colleghi in diversi continenti per venire a capo dei relativi problemi tecnici. Così come Serena e io abbiamo dovuto sudare – anche fisicamente – per mettere a punto gli spostamenti e le posizioni che mi consentissero di accompagnare la narrazione sul palco: a ogni donna il suo gesto, il suo spazio, la sua luce. La parola è sempre associata al movimento scenico e alle musiche, senza cui non potrei mai fare questo spettacolo: perché, e più ancora di quanto normalmente succede nei miei monologhi, io faccio memoria, oltre che con la mente, con le gambe e le braccia e i passi e il respiro. Così come forma e sostanza coincidono, anche parola e corpo lo fanno: e si sprigionano un'energia e una potenza inusuali. Vi ricordate «la forza di venti braccia»? Ecco, qui c'è la forza di cento donne.

Conosco colleghi che soffrono l'intervento del regista, che hanno la necessità di capire esattamente perché si chiede loro di fare un certo movimento, di spostarsi in un certo punto del palcoscenico. Per me, invece, la regia è fondamentale per il motivo opposto: ho assolutamente bisogno di qualcuno che mi dica «Mettiti lì» senza che io debba stare a indagare il perché. Ho bisogno di qualcuno che mi guardi da fuori, da una prospettiva che io non posso assumere, e capisca dove è più efficace che io stia, sotto quale luce. È una questione di fiducia e di condivisione totale. E quindi, come sempre, potermi affidare a Serena Sinigaglia, interagire con lei, è stato un arricchimento insostituibile. Un dialogo continuo.

Inizialmente, Serena aveva pensato di farmi salire in alto sulla struttura, grazie a una scala retrostante, ma poi ha deciso lei stessa di no, perché era troppo pericoloso. Va bene che il pubblico apprezza tantissimo i piccoli inconvenienti di scena, gli imprevisti fuori copione che danno a quella particolare replica il marchio dell'eccezionalità, ma precipitare rovinosamente tra le braccia delle prime file in un'involontaria quanto patetica citazione di *Dirty Dancing* sarebbe stato eccessivo. Così, abbiamo studiato movimenti meno estremi. Piccole modifiche al mio abbigliamento, per esempio, nonostante l'abito rimanga sempre lo stesso. Rosso.

Fin dalle prime letture a tavolino, infatti, mi ero detta (e avevo detto): «Secondo me, questo è uno spettacolo in rosso». Non un rosso Valentino, una tonalità più scura, tendente al bordeaux. Serena, però, non era convinta e nell'incertezza avevamo deciso di debuttare con un bell'abito di Antonio Marras, scuro, con sobri ricami preziosi ma poco o nulla appariscenti. Io avevo qualche dubbio, dato che il fondale dello spettacolo è già piuttosto scuro di suo, ma mi sembrava la scelta più sicura. Il giorno della prima, a tipo due ore dal debutto, Serena è entrata in camerino: «Lella, ho capito una cosa: in questo spettacolo devi essere vestita di rosso». Ho avuto l'impulso di reagire con un gesto misurato ma deciso, espressivo ma pacato, tipo strangolarla a mani nude. Poteva dirmelo tre giorni prima, poteva dirmelo il giorno dopo, invece no: poche ore prima del debutto. Se questo non è sadismo...

Sono andata in scena con l'abito scuro. Poi, quando abbiamo ripreso la tournée dopo il lockdown, sono andata a cercare la stoffa del colore esatto che avevo in mente, ho disegnato il vestito che avevo in mente, sono andata alla sartoria del Piccolo e me lo sono fatto fare. È un abito semplice ma consente di cambiare i dettagli: ha un piccolo gilet che a un certo punto tolgo, una sciarpa, e dietro la struttura ho nascosto un bellissimo cappotto con le rose (un capo sempre di Marras, che da solo diventa scenografia), e un collo di pelliccia (finta) che posso usare anche come cappello, e che indosso in un momento preciso dello spettacolo (per la precisione, quando inizia a nevicare...).

Ogni scelta che riguarda costumi, movimenti e gesti è sempre analizzata e discussa con Serena, che dirige e modifica, disegnando con cura il tracciato della mia danza sul palcoscenico.

Perché questo spettacolo è una danza, dall'inizio alla fine. Una danza lieve, senza peso e senza fatica, inserita in un ingranaggio perfetto di parole, gesti, luci e musica.

D'altra parte, se non potessi ballare non sarebbe la mia rivoluzione.

GRACE PALEY

«È responsabilità del poeta essere donna
tenere d'occhio il mondo e gridare come Cassandra,
ma per essere ascoltata, questa volta.»

OLYMPE DE GOUGES

«La donna ha il diritto di salire sul patibolo,
deve pure avere quello di salire sul podio.»
Olympe legge la sua *Dichiarazione dei diritti della donna e della cittadina* nel 1791
all'Assemblea Nazionale.
Viene ricevuta, ascoltata. E poi ghigliottinata.

«Per aver dimenticato le virtù che convengono al suo sesso.»

ALFONSINA STRADA

«Una donna non può! È uno scandalo! Guardala lì, il diavolo in gonnella!»

«Vi farò vedere io se le donne non sanno stare in bicicletta come gli uomini.»

Tutti la criticano ma lei trova il Luigi, sant'uomo, che quando la sposa le regala pure una bici nuova.

Alfonsina prende il suo cognome, Strada, che per una che va in bicicletta non potrebbe essere più adatto.

Hanno una figlia, ma poi Luigi si ammala, viene ricoverato in ospedale e le spese sono salatissime.

«Ma dove li trovo... Dove li trovo i soldi?»

La risposta è la bici: Alfonsina si iscrive al Giro d'Italia.

La prima donna a farlo, la prima donna a gareggiare in una competizione maschile.

Dei novanta ciclisti partiti, ne arrivano al traguardo ventinove. Più Alfonsina.

«Sono una donna, è vero. E può darsi che non sia molto estetica e graziosa da vedere una donna che corre in bicicletta. Ma cosa dovevo fare? La puttana? Ho le gambe buone, in tutta Italia mi vogliono bene. Qualcuno mi critica e mi prende in giro, ma io so di fare il meglio che posso.»

KAREN BLIXEN

«Per tutto il mondo risuona un grido, che esce dal cuore dell'artista: consentitemi di fare il meglio che posso.»

«Ma Baronessa, lasci perdere, lei è una donna, cosa vuol mai risuonare?»

E quindi *La mia Africa* lo firma come Isak Dinesen, nome maschile.

Viene più volte nominata ai Nobel ma non lo vince mai.

Ernest Hemingway, che invece lo vince, nel riceverlo in qualche modo glielo dedica:

«Scrittrice immensa, lo avrebbe meritato molto più di me. *After you, Baroness*».

AMANDINE DUPIN

«Ho scritto con il senso profondo dell'ingiustizia e della barbarie delle leggi che governano ancora l'esistenza della donna nel matrimonio, nella famiglia e nella società.»

Un'altra che deve usare uno pseudonimo maschile, per potersi esprimere liberamente.

Infatti si firma George Sand.

E si veste anche da uomo.

Quando le chiedono perché risponde:

«Costa meno».

JACQUELINE DU PRÉ

«Ma è sconveniente! Per suonare il violoncello bisogna allargare le gambe, in pubblico! Non si può, non si può, non si può!»

Lei se ne frega e a ventotto anni è già una leggenda: la più grande violoncellista di sempre.

ZAHA HADID

«È che esiste un pregiudizio, secondo il quale le architette dovrebbero dedicarsi soprattutto alla progettazione di interni.

Spesso ho sentito dichiarare che una donna non è in grado di occuparsi di un grande progetto. Io col mio studio sto lavorando a musei, grattacieli, aeroporti: ho trentasette cantieri in ventidue Paesi nel mondo.»

ISABELLA BIRD

«Giri il mondo! Lasci l'Inghilterra! Monti a cavallo e viaggi! Guarirà dai suoi malanni.»

Lei potrebbe fare come noi: andare in un agriturismo in Maremma, magari in una spa ayurvedica.

No, lei va in America, a scalare le Montagne Rocciose. Immagino non a cavallo.

E poi in Giappone, Cina, Corea, Vietnam, Singapore, Malesia.

Come si mantiene?

Pubblicando libri e foto dei suoi viaggi.

Però siamo pur sempre nell'Ottocento, la pressione sociale è fortissima, e a un certo punto sente di dover mettere la testa a posto.

Così a cinquant'anni si sposa, ce la mette tutta per trasformarsi in una perfetta dama vittoriana: ma si ammala un'altra volta.

Curiosamente, quando il marito passa a miglior vita,

lei – toh! – guarisce. E riprende a viaggiare:

India, Tibet, Persia, Kurdistan, Turchia, Marocco.

Una grande pioniera: la prima donna ammessa alla Royal Geographical Society.

FRANCA VALERI

«La morte del marito è un così grande dolore che nessuna donna ci rinuncerebbe.»

Un'altra grandissima pioniera.

NELLIE BLY

Sulla tolda di una nave
nello stretto di Malacca
c'è Pierin che fa la cacca?
No, c'è una donna col cappello
ed un piccolo bagaglio
che assomiglia a Mary Poppins.

Ma è una giornalista – e i giornalisti nell'Ottocento erano tutti maschi, ma che cosa strana...!

È una giornalista importante: ha inventato il giornalismo di inchiesta sotto copertura.

Un giorno il suo capo, un certo Pulitzer, le propone una sfida:

battere il record del giro attorno al mondo in ottanta giorni immaginato da Jules Verne.

«Non mi pare poi questa gran cosa: il coraggio ce l'ho, la crema idratante la compro.»

E parte.

New York

Londra

Calais

Brindisi

Suez

Colombo

Hong Kong

Yokohama

San Francisco

E infine… casa, New York – *there's no place like home.*

Per la cronaca: di giorni ce ne mette settantadue.

ANNIE BESANT

Orfana di padre, viene data in sposa a un pastore anglicano violento, allora chiede il divorzio – scandalo a Londra! Siamo a metà Ottocento –, abbraccia le idee socialiste, pubblica un giornale che appoggia indipendentisti di mezzo mondo, partecipa alla stesura di un manifesto che diventa la piattaforma del Partito laburista,

poi però incontra Madame Blavatsky, chiaroveggente famosa, russa, spiritualista, presidente della Società teosofica, di cui diventa adepta e infine presidente, ma poi si trasferisce in India,

dove viene eletta presidente del Partito del Congresso e su una spiaggia scopre e poi adotta un bambino che da grande diventa Krishnamurti – un semidio, scusate se è poco.

E io che vado in crisi quando devo fare la valigia per una settimana…

UMM KULTHUM

La sua voce, un canto antico
come il vento del deserto.
Per trent'anni ha navigato
sulle onde della radio
dalla Persia alla Giordania
da Damasco a Marrakech.

Arrivava in ogni casa,
per sentirla il Parlamento
sospendeva le sedute.
Donna, povera, egiziana:
sarà amata in tutto il mondo
e avrà esequie da regina.

ELISABETTA I

«Mio amato popolo, sono giunta tra di voi in mezzo alla foga della battaglia, risoluta a vivere e morire con voi. So di avere il corpo debole e delicato di una donna; ma ho il cuore e lo stomaco di un re, e per di più di un re d'Inghilterra, e penso

con disprezzo al re di Spagna che osa invadere i confini del mio reame. Con la

vostra obbedienza e con il vostro valore, vinceremo contro questi nemici del mio regno,

del mio popolo e di Dio!»

Stava per dire «del mio Dio» ma si è trattenuta.

La Invencible Armada spagnola dopo averla incontrata... ha cambiato nome.

PETRA HERRERA

¡Tierra y libertad!

Cuando la mañana los soldados del Pancho Villa se despiertan,

pueden ver la cara, il volto, del comandante Pedro Herrera, *siempre perfectamente suave*, liscio liscio.

Pedro dice di svegliarsi prima di tutti per radersi.

Pedro es un líder.

Pero no es Pedro, es Petra...

Niente cariche militari per una donna.

Allora Petra prende con sé quattrocento donne e il 30 maggio 1914 queste quattrocento donne conquistano la città di Torreón.

E adesso la faranno generale? No.

La nominano colonnello.

E comunque i libri di storia non fanno il suo nome.

HAYDÉE TAMARA BUNKE BIDER

«Aprendimos a quererte...»

Todo el mundo conoce el Che Guevara y su canción, «tu querida presencia, comandante Che Guevara...».

Fidel Castro? *También, ay una canción también para el Líder Máximo*:

«Un Fidel que vibra en la montaña...».

E para Camilo, Camilo Cienfuegos también:

«Te canto porque estás vivo Camilo, y no porque te hajas muerto...».

Qualcuno conosce Tania la Guerrigliera?

Era il suo nome di battaglia.

L'unica donna che combatte col Che in Bolivia fino alla fine.

«Hasta la victoria siempre. ¡Patria o muerte!»

La seconda: *muerte*, tutti sterminati in un'imboscata.

Anche lei ignorata dai libri di storia, però in realtà una canzone per Tania c'è.

Anche quella non la conosce nessuno, ma c'è.

Sembra un po' Orietta Berti cantata da mariachi

ubriachi ma ha una sua tenerezza, è molto femminile, piena di stelle e nuvole e sentimenti e passione...

MILEVA MARIĆ

Ma, ahimè, le scelte che si fanno per passione, soprattutto da giovani, a volte si rischia di pagarle per tutta la vita.

Prendi lei, *(accento serbo)* studia Matematica e Fisica a Università di Zurigo.

Unica donna di suo corso, brava, bravissima, la più brava.

Un giorno conosce un compagno di corso. Bravino.

Simpatico, ebreo, faccia buffa, strano capello. Nome Albert.

Lui piace lei, lei piace lui.

Si innamorano, si sposano.

Mileva fa figlio, poi altro figlio, poi comincia che si dedica a loro, a sua casa, a marito, a ricerche di marito:

lui bisogno di lei, perché lei sa matematica, dice che lei è molto più brava di lui.

Però lui professore famoso, lei casalinga serba.

Divorziano.

Quando marito, Albert, Einstein, riceve premio Nobel, gira a ex moglie intero assegno del premio.

Chissà come si dice «coda di paglia» in serbo.

ANNA MAGNANI

«I grandi amori non esistono: sono fantasie da bugiardi. Esistono solo piccoli amori, che durano un periodo di tempo più o meno breve.»

GOLIARDA SAPIENZA

«Mente la parola amore, esattamente come la parola morte. Mentono molte parole, mentono quasi tutte. Ecco che cosa devo fare: studiare le parole esattamente come si studiano le piante, gli animali... E poi, ripulirle dalla muffa, liberarle dalle incrostazioni di secoli di tradizione, inventarne di nuove, e soprattutto non servirmi più di quelle che l'uso quotidiano ha logorato, le più marce, come: sublime, dovere, tradizione, abnegazione, umiltà, anima, pudore, cuore, eroismo, sentimento, pietà, sacrificio, rassegnazione.»

JANIS JOPLIN

(*su* Take Another Little Piece of My Heart *si sovrappone...*)

AMELIA ROSSELLI

«Per quel tuo cuore che io largamente preferisco ad ogni altra burrasca io vado cantando amenamente delle canzoni che non sono per il tuo orecchio casto da cantante a divieto.

Per il divieto che ci impedisce di continuare forse io perderò te ancora e ancora – sinché le maree del bene e del male e di tutte le fandonie di cui è ricoperto questo vasto mondo avranno terminato il loro fischiare.»

DORSAL

DOROTHY PARKER

«I rasoi fanno male,
i fiumi sono umidi,
l'acido lascia tracce,
le droghe danno i crampi,
le pistole sono illegali,
i cappi cedono,
il gas è nauseabondo...
tanto vale vivere.»
Grande giornalista, grande poetessa,
tenta il suicidio tre volte.
Grande scrittrice, grande umorista,
alla fine muore d'infarto.
Tanto vale vivere.
Grande Dorothy.

JUDY GARLAND

«Ho sempre preso *Il mago di Oz* molto seriamente. Volevo crederci: superarlo, andare oltre quel maledetto arcobaleno... Ci ho provato tutta la vita...

Ci sono pillole per ogni cosa in America, anche per sentirsi felici: ma con me non hanno mai funzionato.

Se io, come dicono, sono davvero una leggenda, allora perché sono così sola?»

MARILYN MONROE

«D'un tratto comparve. Era in ritardo di mezz'ora; lei era sempre in ritardo. Mi si presentava di profilo, il vento le gonfiava i capelli. La sua testa si girò verso di me con una leggerezza eterea, come mossa dalla brezza. Una bellissima bambina, questo era, semplicemente una bellissima

bambina.»

VIRGINIA STEPHEN WOOLF

«Muovendo incontro a uno gli dico: "Vieni". È il momento più eccitante che abbia vissuto finora. Ondeggio. Mi increspo. Galleggio come una pianta nel fiume, scorro pur restando radicata, così che lui possa giungere a me.

Ci abbandoniamo a una piena che gonfia lenta. Entriamo e usciamo dalla musica esitante. Le rocce rompono la corrente della danza che stona, che vibra. Un, due, siamo trascinati in un vasto disegno; non possiamo uscire dalle volute esitanti, scoscese, sinuose che perfettamente ci chiudono.

Non mi importa più di nulla. Non mi importa di nessun altro, se non di quest'uomo di cui non conosco il nome.»

VANESSA STEPHEN BELL

Vanessa, sorella di Virginia, intellettuale raffinata, pittrice, ha una situazione famigliare curiosa.

È sposata al critico d'arte Clive Bell, ma ha anche un amante, Duncan, che a sua volta ha un amante, senza apostrofo: David.

Lei si prende Duncan e Clive si prende David – quando si dice dividersi i doveri coniugali.

Vanessa e Clive hanno una figlia: Angelica. E come vuoi chiamarla in 'sta famiglia di santi?

Bene, Angelica, raggiunta la pubertà, tiene alta la tradizione di famiglia e si sposa con David, ex amante dell'amante di sua madre nonché ex amante di suo padre, quello biologico. Insomma, Vanessa ha inventato *Beautiful* con cento anni di anticipo.

TERESA D'ÁVILA

«In un'estasi

me aparve un angel tangibile en la sua costituzione carnal. El angel era muy, muy bonito y yo vedeva en la sua mano un dardo luuungo. Esso era d'oro e portava all'estremità una punta de fuego... El angel me penetrò con il dardo fino alle viscere e

quando lo ritirò mi lasciò tutta bruciata scottata abbrustolida d'amore para el Señor.»

«Questa donna è indemoniata, posseduta, va esorcizzata!»

Ma questa donna non è una mistica qualunque:

viene da una famiglia nobile, ha rapporti coi potenti, trova appoggi, fonda l'Ordine dei carmelitani scalzi – siamo nel Cinquecento – e innumerevoli monasteri.

È la prima donna a essere nominata dottore della Chiesa.

HILDEGARD VON BINGEN

Madre benedettina del 1100, compositrice, musicista, scrittrice,

drammaturga, poetessa, filosofa, linguista, cosmologa, guaritrice, naturalista, profetessa nonché consigliere politico. Ah, santa e dottore della Chiesa.

Però santa e dottore della Chiesa lo diventa solo un migliaio di anni dopo la morte, per cui in vita è stata solamente madre benedettina, compositrice, musicista, scrittrice, drammaturga, poetessa, filosofa, linguista, cosmologa, guaritrice, naturalista, profetessa e consigliere politico.

E noi ce la tiriamo col multitasking perché siam capaci di fare due cose alla volta? Ma per favore!

1
Donne che dicono «io»

Hildegard von Bingen ha fatto TUTTO, nel Dodicesimo secolo. Quando ripasso lo spettacolo, il suo è uno dei brani su cui devo più spesso tornare, non perché sia difficile in sé ma perché non mi capacito di una vita così piena di talento e di obiettivi raggiunti, tra l'altro da dentro un convento, mica da uno studio nel centro di Manhattan (che comunque a quei tempi era una foresta abitata da tribù indigene). Re e imperatori andavano da Hildegard a farsi consigliare: poi sbagliavano tutto lo stesso, ma l'uomo, si sa, è cacciatore, mica gli si può chiedere anche di saper governare.

Studiosa e guaritrice, teologa e linguista, musicista e filosofa, e tutto il resto, dopo aver tratteggiato una vita così impegnativa, per evitare che ne restassimo schiacciati non potevo non alleggerirla con una battuta: in effetti, altro che multitasking, Hildegard! Per la chiusura di questo pezzo, in particolare, mi è venuta in soccorso la mia esperienza di stand-up, di comica da palcoscenico.

«Ma tu non sei una comica» mi sento dire di tanto in tanto da qualcuno che, in buona fede, pensa di farmi un complimento. Gradirei essere considerata tale, invece. Mae West era indiscutibilmente una maestra di comicità e i suoi film hanno salvato la Paramount dal fallimento: non è certo una *deminutio*, e men che meno un'offesa, essere una comica, anzi è un elemento che permette di scardinare i finali prevedibili, di scansare la retorica. In un caso di manifesta superiorità intellettuale come quello di Hildegard von Bingen, la battuta libera il respiro di sollievo, in genere accompagnato dalla risata: non possiamo mica essere tutte così perfette.

Le donne di questo spettacolo, a dire il vero,

sono spesso imperfette, addirittura sconvenienti: ricorre di frequente l'idea che facciano qualcosa che «non sta bene», qualcosa che non dovrebbero fare. Come sicuramente in molti hanno pensato di Hildegard von Bingen e di tante altre pioniere e come, nel mio piccolo, è successo a me.

Sono stata una delle prime ad avventurarmi nello stand-up, quando non era di moda come oggi e in Italia ancora si frequentava poco anche da parte maschile. A dirla tutta, manco si chiamava così. C'erano state e c'erano grandissime comiche sulle nostre scene: Franca Valeri, Franca Rame, Monica Vitti nel cinema. E in particolare Franca Valeri è stata per me una maestra assoluta: non a caso, è la prima attrice che viene nominata nello spettacolo.

La ammiravo fin da bambina, Franca, a lei ho chiesto, nel 1992, di scrivere la prefazione al mio primo libro, *La daga nel loden*, che conteneva i miei testi di allora. In quella prefazione lei scriveva che la comicità femminile non esiste, che è un'invenzione balorda dei giornalisti e che esisteva solo «il comico». Non sono d'accordo. Ma mi sono invece ritrovata in un'altra intuizione: Franca, in me, riconosceva «il piccolo comico solitario». E la solitudine è un aspetto molto vero di questo mestiere, che solamente chi ci è passato può cogliere. La comicità è un esercizio particolarmente solitario, perché devi trovare dei tuoi codici, una tua lingua di segni oltre che di parole, una tua identità.

Prima di morire, Franca Valeri mi ha affidato il suo testo *La vedova Socrate*: mi ha chiamata e mi ha detto che aveva sempre pensato sarebbe stata lei e lei soltanto a portare in scena i suoi monologhi. Ora, sia pure a malincuore, si era resa conto che non le sarebbe più stato possibile e in qualche modo se n'era anche fatta una ragione; però le dispiaceva che nessuno potesse più vedere l'ultimo che aveva scritto e portato in scena, *La vedova Socrate*, appunto. E secondo lei l'unica che avrebbe potuto interpretarlo ero io. È stato ben di più di un complimento, un riconoscimento, o addirittura un passaggio di testimone, come ha poi commentato qualcuno: è stato come vincere un Oscar. E nell'estate del 2020 ero in scena proprio con quello spettacolo quando lei ha compiuto cent'anni e quando, pochissimi giorni dopo, serenamente, è morta. È stato un bellissimo viatico e in un certo senso anche un'assunzione di responsabilità. E infatti la frase che ho scelto per rappresentare Franca, nello sterminato mare di citazioni che sarebbero state possibili, opportune, illuminanti, viene proprio dalla *Vedova Socrate*. Ed è, ovviamente, geniale.

Per quanto – soprattutto nei primi tentativi di trovare una mia strada in questo mestiere – la Valeri per me sia stata un punto di riferimento e una fonte costante di ispirazione, ho avuto fin dall'inizio un approccio diverso: lei – al cinema, in teatro o in televisione – ha sempre interpretato qualcun altro. Erano i suoi indimenticabili, inarrivabili personaggi femminili, dalla signorina snob alla «figlia della signora Augusta, quella maritata Cecioni». Io invece avevo deciso di salire sulla pedanina (prima di arrivare alle nobili tavole del palcoscenico ce ne sono state un bel po', di pedanine) per raccontare in prima persona: sono stata una delle prime in Italia, sebbene non certo la prima in assoluto, ad assumermi quello che, inutile girarci attorno, era e rimane un rischio. Dire «io», per una donna, non è mai facile in generale, ci sono secoli di storia a dimostrarcelo. Dire «io» su un palco è particolarmente costoso sul piano personale, perché di fatto autorizzi chi ti ascolta a pensare che tutto ciò che dici sia strettamente autobiografico. Che tu sia proprio, per davvero, quella persona lì, e che quella che racconti sia realmente, letteralmente la tua storia, la tua vita.

Io, con un innegabile sprezzo del pericolo dovuto in buona parte alla classica beata incoscienza, la scelta di narrare in prima persona l'ho poi mantenuta sempre, anche quando dallo stand-up sono passata al teatro: per *Se non posso ballare non è la mia rivoluzione*, assieme a Serena, abbiamo lavorato molto affinché potessi riuscire a tenere insieme mimesi ed esegesi, a interpretare ma nel contempo raccontare e spiegare. E non è uno scherzo, questa scelta.

È difficile anche per gli uomini: devi essere molto saldo e sicuro di te. Per una donna, tanto per cambiare, è difficile il doppio: noi siamo e siamo sempre state sospettate di autobiografismo, qualunque sia la forma di scrittura che ci siamo scelte. Figuriamoci quando abbiamo l'ardire di scrivere in prima persona. Per gli uomini è il contrario: qualunque esperienza, qualunque storia anche personale decidano di raccontare, ha sempre i canoni dell'universalità. Se un uomo parla di sé sta parlando del mondo; se una donna parla di sé sta parlando soltanto di sé. Quel che è accaduto a un uomo è accaduto a tutta l'umanità. Quel che accade a una donna accade solo a lei.

Raccontare in prima persona richiede una grande solidità perché esaspera sia la dimensione del narcisismo, che è propria di ogni attore, sia quella della fragilità e del masochismo, una vulnerabilità che nel nostro mestiere è meno percepita, ma che appartiene a molti, se non a tutti e a tutte noi. Siamo vulnerabili di fronte alla critica, lo siamo persino di fronte a inciampi minori, come una persona che si alza mentre stiamo recitando, e che il più delle volte deve semplicemente andare in bagno.

Aver fatto la gavetta in situazioni non teatrali, magari in un locale con davanti persone sedute a tavola che mangiano, bevono, chiacchierano, e non necessariamente sono lì per ascoltare te, significa aver imparato a gestire i movimenti del pubblico, i rumori, le disattenzioni. Significa aver capito che non esistono «buoni pubblici» o «cattivi pubblici», ma che semplicemente ogni pubblico è diverso: persone che appartengono a una collettività, conoscono qualcuno seduto accanto a loro, vivono le dinamiche relazionali specifiche di un paese, di un teatro, di una comunità. Significa aver imparato che a volte il pubblico non applaude per rispetto, per non interrompere, e a volte invece applaude dove non dovrebbe, o meglio: dove *da copione* non sarebbe previsto. E che l'applauso è per definizione libero, ingovernabile e imprevedibile: se per trentasette repliche gli spettatori hanno battuto le mani in un preciso punto dello spettacolo, non per questo lo faranno anche alla trentottesima. E guai ad aspettarselo, a darlo per scontato: dell'applauso di doman non c'è certezza.

Abbiamo imparato tanto, dalla gavetta, e possiamo pensare di aver imparato tutto, ma, per quanta scorza ci siamo creati, non sarà mai completamente impenetrabile. Io, ancora adesso, la platea preferisco non vederla: non voglio rischiare di ritrovarmi a cercare l'approvazione in ogni viso. Ma oggi, con le luci così forti delle uscite di sicurezza, è inevitabile intravvedere il pubblico, e pur con tutte le mie operazioni di distanziamento, se qualcuno si alza, dentro di me non posso fare a meno di chiedermi: "Perché si è alzato? Tornerà?". In un angolo del cervello prende forma una vera e propria sceneggiatura: "Magari sta male. Magari sta molto male". Arrivo ad augurarmi che stia malissimo, lo sventurato. Perché allora significa che non è che lo spettacolo non gli stesse piacendo, anzi, avrebbe disperatamente voluto fermarsi fino alla fine. Ha dovuto andarsene per cause di forza maggiore. Magari è un chirurgo con un paziente che ha bisogno di un intervento urgente. Magari tornerà domani sera.

Però, anche questo è teatro. Anche lo spettatore che si alza è parte di qualcosa che succede solo stasera e solo qui, tra noi, e non potrebbe succedere con le stesse identiche modalità in nessun altro tempo e in nessun altro luogo. L'imprevisto accentua una dimensione di unicità, di non riproducibilità che è propria del teatro in generale. Nella condivisione di uno spettacolo dal vivo tu hai la sensazione di poter modificare ciò che accade: e di fatto lo modifichi, con la tua stessa presenza. Ciò che avviene qui stasera non avverrà mai più, perché mai più ci ritroveremo tutti insieme, chi è in platea e chi è sul palco. Per questo trovo assurda la mania di girare dei video degli spettacoli teatrali, o dei concerti: quello che conta, quello che vale è esserci.

L'esperienza del teatro non te la puoi portare a casa, te la puoi solo portare dentro.

MARY ANDERSON

Santa Mary Anderson
santa dei camionisti
santa dei tassisti
santa di tutti noi
che quando piove non andiamo a sbattere
perché lei, un giorno di pioggia a New York,
ha un'illuminazione.
Non vede Padre Pio,
non vede Madonne,
non ha apparizioni standard:
vede solo una stecca di gomma,
che si muove con regolarità
avanti e indietro

avanti e indietro
e che lei stessa battezzerà
tergicristallo.

TABITHA BABBITT

«Noi, Società Unita dei Credenti nella Seconda Apparizione del Cristo, setta antitrinitaria calvinista millenarista restaurazionista, noi abbiamo un grosso problema con le seghe: le seghe dei nostri uomini sono poco efficaci, fanno perdere tempo, non servono allo scopo

sono un problema per l'economia.

Santa Tabitha, pensaci tu.»

E infatti Tabitha interviene da par suo e inventa la sega circolare.

«Troppo forte!»

LILLIAN MOLLER GILBRETH

«Sssh! Cosa gridi? William, smettila che fai

piangere Frederick che poi fa piangere Jane che rompe le scatole a Martha!

Jane, non posso, sto pensando!

Cosa vuol dire che John James ha dato una botta in testa a Mary Elisabeth?

E soprattutto perché con dodici figli mi sono messa a dare pure i doppi nomi?!

Ho detto che non posso perché sto pensando! Ho Robert da una parte, Jonathan dall'altra e sto pensando: come faccio a sollevare il coperchio e buttare questo pannolino?!

Ovvio: invento la pattumiera a pedali.»

«*Cool, mommy.*»

MÁRIA TELKES

«Colleghi, presto o tardi la luce del Sole sarà usata come fonte di energia. Perché aspettare?»

Infatti lei non aspetta, e già negli anni Cinquanta del Novecento inventa fornelli solari, frigoriferi solari, forni solari, case solari e ovviamente loro: i pannelli solari.

La chiamano «the Sun Queen», la regina del Sole!

Super cool.

MIRIAM MAKEBA

Pata Pata vuol dire «tocca tocca».

Come il nostro *Tuca Tuca.*

Solo che *Pata Pata* in Sudafrica era considerata una canzone sovversiva:

vietato ai neri contrarre matrimoni interraziali

vietato ai neri uscire dal ghetto

vietato ai neri bere alle fontane pubbliche

vietato ai neri vendere birra artigianale

vietato ai neri essere neri

vietato ballare e già che ci siamo vietata *Pata Pata* e per lei che la canta... esilio.

CRISTINA DI BELGIOJOSO

«Lottiamo

perché le donne del futuro, felici e stimate, rivolgano pensieri al dolore e all'umiliazione di quelle che le hanno precedute.»

Cristina, principessa milanese e carbonara, con la spada in mano, combatte per l'Italia unita.

La nostra Lady Oscar.

Poi, però, quando nel 1861 l'unità nazionale diventa realtà...

«grande festa alla corte d'Italia, tutti invitati: tranne lei».

AGATHA CHRISTIE

«Life has such an awful plot, I much prefer my novels.»

La vita ha una pessima trama. Preferisco di gran lunga i miei romanzi.

Lo credo che preferisca i suoi romanzi: quante copie avrà venduto? Almeno due miliardi.

Me la vedo, l'inglesissima Agatha, che beve un inglesissimo tè delle cinque

in un inglesissimo giardino all'inglese

con un'altra inglesissima signora piuttosto pedante,
che però di giardini se ne intende.

GERTRUDE JEKYLL

«*Darling*, di iris ci sono moltissime varietà:
l'*Iris stylosa*
l'*Iris barbata*
l'*Iris foetidissima*
l'*Iris cristata* – non è blasfemia, non viene da Cristo, viene da cresta.»

È mezza cieca, ma nonostante questo – forse proprio per questo... – è la maestra del giardino inglese.

Ne realizza più di quattrocento e ce li descrive e spiega tutti. Nei dettagli. Roba che neanche Alberto Angela.

Però è brava. È come una pittrice:
il giardino è la sua tela, i fiori i suoi colori.

ARTEMISIA GENTILESCHI

«Mi spinse dentro la stanza e serrò a chiave e dopo mi buttò su la sponda del letto, mi mise un ginocchio fra le cosce ch'io non potessi serrarle et alzatomi li panni, mi mise un fazzoletto alla bocca et appuntatomi il membro alla natura cominciò a spingere e mi faceva gran male.»

Lo stupratore di Artemisia è un pittore, come lei.

Quattro secoli dopo, nella storia dell'arte di lui non c'è traccia.

Di lei sì. Un suo quadro nel 2019 è stato battuto all'asta per 5 milioni di euro.

ÉLISABETH VIGÉE LE BRUN

«Se bisogna dipingere un collo, dovete illuminarlo in modo che riceva bene la luce.

Il collo, *le cou, le cou, le cou.*»

È fissata con il collo.

Il suo collo preferito è quello di sua maestà Maria Antonietta. È la sua ritrattista ufficiale.

«Il suo collo, il suo collo, *le cou de la reine...!*»

Sai mai che le abbia portato sfiga... No, perché il collo di Maria Antonietta sappiamo che fine ha fatto...

Il suo no, perché riesce a mettersi al riparo da ogni rivoluzione, continua a dipingere e oggi un suo quadro vale moltissimo.

MARY ANNING

«Trey, guarda: ma è un collo lunghissimo! Trentacinque? Trentacinque vertebre!»

Il cane Trey le scodinzola intorno, tutto eccitato.

Siamo nell'Ottocento, nel Dorset, e Mary si mantiene da sola cercando fossili da vendere ai turisti.

Ma quel giorno la scoperta è sensazionale: il primo scheletro intatto di Plesiosauro. Scoprirà anche il primo scheletro intatto di Ittiosauro e molto altro.

Ma è di umili origini. Non ha nessuna istruzione. È donna. Ergo, non può far parte di nessuna istituzione scientifica.

ELEONORA DUSE

«Tutti diffidano delle donne, io invece me la intendo benissimo con loro! Io non guardo

se hanno mentito, se hanno tradito, se hanno peccato – o se nacquero perverse – perché io sento che hanno pianto – hanno sofferto... Io mi metto con loro e per loro.»

CHING SHIH

«Tu violenta prigioniera? Decapitato.»

«Tu disobbedisce ordini? Decapitato.»

«Tu osa disobbedire? Decapitato.»

Siamo alla fine del Settecento, lei comanda 80.000 uomini e 1.800 navi, nel Mar cinese meridionale.

Il più potente pirata della storia. La più potente. La più potente in assoluto.

Mai sconfitta, mai arrestata, mai punita, mai condannata.

Forse non amata, ma…

…meglio essere temute che ammirate.

ANNA KULISCIOFF

«A Milan gh'è dumà un omm, che viceversa è una donna.»

Lei è russa, è un medico, oltre che una delle fondatrici del Partito socialista italiano.

Ammiratissima da tutti, compreso Mussolini.

L'ammirano così tanto che l'arrestano: finisce in carcere con il compagno Filippo Turati,

per reati di opinione e sovversione.

Meglio essere temute che ammirate.

Ma meglio fare degli errori che avere dei rimpianti…

ÉDITH PIAF

«No, non rimpiango niente

né il bene che mi hanno fatto
né il male, tutto mi sta bene uguale.
Ho pagato, scartato, dimenticato
e me ne frego del passato.
Con i miei ricordi ho acceso un falò
e adesso riparto da zero.»

ADA LOVELACE

Che genio! Che genio! Che genio!

Altro che Steve Jobs e Bill Gates! Novellini! Dilettanti!

Ma chi è? Non l'ho mai sentita nominare!

Come chi è? A parte che è l'unica figlia legittima di Lord Byron, che però non ha mai conosciuto, è l'inventrice dell'algoritmo che calcola automaticamente i numeri di Bernoulli.

Non ho la più pallida idea di cosa siano, ma d'altra parte ogni tanto la scienza va presa anche con un po' di fede.

Basti dire che quell'algoritmo di fatto è il primo

programma informatico della storia. E l'ha inventato lei.

Infatti un secolo dopo, quando il Pentagono deve scegliere il nome per il linguaggio informatico universalmente utilizzato, non ha dubbi e lo chiama come lei: ADA.

2
Scienza, femminile plurale

Ada Lovelace, la figlia di Byron, una delle più grandi teste matematiche di ogni tempo, è sicuramente figlia d'arte: ma non quella del padre. Lui, infatti, era Lord George Gordon Byron, poeta; sua moglie era un'appassionata matematica, Anne Isabella Milbanke. Lui spiantato al punto da essere cresciuto in un'abbazia fatiscente, lei ricca di famiglia: dopo avergli pagato i debiti e averlo sopportato per un po', lo aveva piantato in asso. Passi l'adulterio, la bisessualità, l'incesto, le beghe politiche, ma il tempo che ci metteva a pettinarsi la mattina quei ricci alla Byron era davvero eccessivo. Peraltro con l'unico risultato di sembrare sempre appena uscito dal letto (e in effetti spesso era così, anche se raramente si trattava del talamo coniugale).

Questa madre, donna assai intelligente, a un certo punto deve aver pensato: "Di signorine in casa ne ho avuta già una, ed era mio marito, per mia figlia voglio qualcos'altro". E così introdusse Ada agli studi di logica, algebra, metodi di calcolo, tanto che un matematico famoso come Charles Babbage l'avrebbe soprannominata «L'incantatrice dei numeri» (con quel tocco di paternalismo che si porta così bene in qualunque epoca). Risultato: Ada Lovelace di fatto ha inventato gli algoritmi e, per quanto ne sappiamo, non ha mai messo mano alla penna per scrivere versi. La sua vita non è solo un inno all'intelligenza delle donne, ma anche al discernimento e alla perseveranza delle madri.

Il rapporto tra le donne e la scienza non è facile, perché da millenni è intralciato da un terzo incomodo: il pregiudizio. Le donne che studiano sono pericolose, da sempre. Peggio ancora se studiano «cose da uomini». Ipazia, matematica e astronoma del 300 dopo Cristo, fu assassinata, smembrata e bruciata: forse sarebbe bastato anche un semplice «Secondo noi dovresti smettere di studiare». Oggi, in Italia, le donne possono iscriversi a Fisica o Ingegneria senza finire sul rogo, ma non lo fanno: solo il 16,5 delle immatricolate sceglie una facoltà scientifica (i maschi sono più del doppio). Se mettiamo insieme le varie accademie nazionali delle scienze del mondo e contiamo le donne, arriviamo a un misero 16 per cento dei membri; e meno del 20 per cento delle giovani scelgono una carriera nella fisica. Proviamo poi a guardare l'albo dei premiati con la Medaglia Fields, il più prestigioso riconoscimento nel campo della matematica: facciamo letteralmente i conti con il testosterone. Viene infatti assegnata ogni quattro anni dal 1936, ma perché la vincesse una donna abbiamo dovuto aspettare il 2014.

In questo caso la pioniera è stata la matematica iraniana Maryam Mirzakhani, che purtroppo se n'è andata, giovanissima, tre anni dopo aver ricevuto il premio, per un cancro al seno. Il minimo che io possa fare è recitare il brano della sua formula con la convinzione di chi lo ha capito veramente. Non è così. Complice anche un insegnante del liceo che stava alla matematica come Robespierre al Terrore, io dalle discipline scientifiche sono sempre fuggita. Ne conosco l'importanza, ne intuisco la bellezza, me ne rammarico, ma ormai per la Medaglia Fields è tardi.

Molte delle scienziate che racconto arrivano inattese, sconosciute anche a spettatori mediamente preparati. Che sia stata una donna a inventare il tergicristallo, per esempio, non lo sa quasi nessuno ed è una rivelazione difficile da metabolizzare per il pubblico, soprattutto maschile. Ma studiando ho imparato che per quante scienziate, fisiche, matematiche io abbia inserito... ce ne sono molte di più, tanto per cambiare. Provo infinita ammirazione per queste donne e mi è piaciuto scoprirle quanto mi sembra importante farle scoprire.

Le loro vite mostrano chiaramente che negli

ambiti scientifici, da donna, devi fare dieci volte la fatica di un uomo. Le ragazze se lo sentono dire da quando sono piccole, che devono sognare gli unicorni e non giocare con il Meccano. Certo, esistono le inclinazioni: la mia nipotina, nella cui educazione mai si è affacciato uno stereotipo di genere, ama le principesse. Forse esiste un senso estetico innato che a volte ci penalizza. Perché quello che manca è il passaggio successivo: anche la scienza è bella. Lo è la matematica, lo è la fisica, figuriamoci l'astronomia.

Forse le donne devono trovare la bellezza, per innamorarsi di una carriera. Forse noi abbiamo bisogno che ci sia bellezza perché ne valga la pena, qualsiasi sia la vita in cui scegliamo di brillare.

ANGELA e LUCIANA GIUSSANI

«Ecco una ricetta non troppo complicata, abbastanza pratica, ispirata al personaggio che abbiamo creato con tanto amore e tanta passione: l'uovo alla

Diabolik.

Prendete un uovo che sia ovale, poi prendete un pentolino di acqua calda e portatela a ebollizione.

Immergete l'uovo e lasciatecelo per quattro minuti circa. Mettete tutto sotto l'acqua fredda, togliete l'uovo, liberatelo dal guscio, tagliatelo a metà e servite con olio e sale a piacere.

Perché si chiama "uovo alla Diabolik"?

Perché l'abbiamo rubato.»

EUGÉNIE BRAZIER

«Charles de Gaulle, Valery Giscard d'Estaing, Jacques Prévert... Tutti fanno la fila per assaggiare il mio famoso gratin di maccheroni.»

Orfana, analfabeta, sorvegliante di bestiame, ragazza madre.

Eppure è la prima persona al mondo a ottenere sei stelle Michelin: tre per ognuno dei suoi due ristoranti a Lione.

Ci dica, Madame, qual è il segreto: come ha imparato a cucinare?

«Cucinando.»

MARIA SKŁODOWSKA

E invece lei cucina il gulasch. A Varsavia.

Non per sé, per i suoi padroni.

Loro figlio, Casimiro, vorrebbe sposarla, ma i genitori si oppongono perché... perché è una serva.

Ma lei non si arrende, continua a lavorare e a

mettere da parte i soldi perché ha un sogno: vuole studiare.

«Ce la farò?»

Nell'autunno 1891 attraversa per la prima volta il cortile della Sorbona, a Parigi.

«Ce la farò?»

Due anni più tardi discute la tesi di laurea.

«Ce la farò?»

Ce la fa.

Diventa la prima donna abilitata a insegnare in Sorbona e vince due Nobel, uno per la Fisica e uno per la Chimica, l'unica al mondo. Almeno finora.

Quando si sposa, prende il nome di suo marito, brava persona e ottimo scienziato, che si chiamava Curie. Pierre Curie.

MARGHERITA HACK

«Nella vita non c'è nulla da temere, solo da capire.»

Certo, per lei era tutto semplice, essendo un genio. Ma prendiamo questa...

MARYAM MIRZAKHANI

«Sigma è il numero di geodetiche semplici e chiuse di lunghezza minore o uguale a L che si possono tracciare su una superficie iperbolica x. Al crescere di L ovvero per L tendente a + infinito, tale numero è asintotico a una costante cx che dipende dalla superficie moltiplicata per L alla 6g, dove g indica il genere della superficie.»

Non ho idea di quello che ho detto, l'ho imparata a memoria e ripetuta a pappagallo. Ma sono contenta che almeno le superfici abbiano il punto G.

E poi deve essere una formula importantissima se ha fruttato a colei che l'ha creata la Medaglia Fields, il massimo riconoscimento per un matematico.

Unica donna al mondo. Finora.

DOROTHY C. HODGKIN

Eràxis Elìquid Emènd
Còlcrys Agrylin Amrix
Zìtromax Bimixìn!

Trattasi di strofa antibiotica.

Tanto epos lo dobbiamo a colei che per prima individua le struttura della penicillina.

Grazie al suo lavoro è possibile produrre nuove medicine, noi guariamo dalla polmonite e lei riceve il Nobel per la Chimica.

ELINOR OSTROM

Invece la prima donna a vincere il Nobel per l'Economia è detta il Nobel dimenticato.

Chissà perché.

Perché le sue teorie economiche vanno contro multinazionali e governi centrali?

Perché è una donna?

Perché ritira il Nobel vestita con un'improbabile, coloratissima tunica africana?!

Lei invece, elegantissima.

RITA LEVI-MONTALCINI

«Considerando in retrospettiva il mio lungo percorso,

credo di poter affermare che nella

ricerca scientifica contano soprattutto la totale dedizione e saper chiudere gli occhi davanti alle difficoltà.»

Infatti il Nobel per la Medicina lo ritira in un abito lungo di velluto nero:

impeccabile.

D'altra parte...

COCO CHANEL

«La moda passa, lo stile resta.»

Abbiamo e avremo sempre tutte un disperato bisogno di Chanel...

PEGGY GUGGENHEIM

«Io invece ho un disperato bisogno di Calder, Picabia, Braque, Duchamp, Dalí, Mondrian… La Pop Art no: quella l'ho sempre detestata. Avendo un sacco di tempo e francamente anche un sacco di soldi, mi sono messa a dieta, l'unica che funziona per me: comprare un'opera d'arte al giorno. Quella sì che toglie il medico di torno.

Le mie opere le ho messe tutte qui, nella mia amata casa in Venezia.»

LUCREZIA CORNER

«Oh, Maria Vergine, quanto go da studiar…»

A Venesia, nel Seicento, Elena Lucrezia è nobile e ha un padre lungimirante – anche un fiatin rompicojoni – che la fa studiare.

In un'epoca in cui di fatto alle donne studiare è proibito, Lucrezia è in grado di disputare di filosofia in greco antico.

Con suo padre, naturalmente.

«Due maroni...»

Il padre vuole per lei la laurea in Teologia all'Università di Padova.

«No, no, no se pol, xè na femena! Una donna teologa? Eresia, demonio! No no no.»

Le concedono la laurea in Filosofia. La Corner è la prima donna laureata al mondo.

«Dai, papà, 'ndemo, non far cussì, xe comunque una laurea, no?» Piuttosto che niente...

LAURA BASSI

«Piuttost che gnent l'è mej piuttost!»

Bisogna aspettare altri cinquant'anni per la seconda donna laureata, sempre italiana – un bel primato, no? Eppure non ne parla nessuno, nei libri di testo non ve n'è traccia –: Laura Bassi, la filosofessa di Bologna.

È anche la prima donna al mondo che intraprende la carriera accademica, arrivando a ottenere addirittura una cattedra universitaria. Una robina semplice: Fisica sperimentale.

Ora, i casi sono due: o i maschi eran tutti morti in guerra, o lei era proprio brava, bravissima, la più brava.

RENATA TEBALDI

«Signora Tebaldi, chi è la più grande cantante del secolo?»

«Naturalmente io. Sono io la più grande. Sono alta 1 metro e 75. Lei conosce un soprano più grande di me?»

MARIA CALLAS

(si sente la sua voce che intona Casta Diva *mentre le luci si abbassano)*

MAE WEST

«"Tesoro, hai una pistola nei pantaloni o sei solo contento di vedermi?"

Curioso. È stata questa battuta a rendermi immortale.

Più dell'aver salvato la Paramount dal collasso economico con i miei film, più dell'aver dichiarato il reddito più alto d'America.

Quando agli inizi scrivevo per il teatro conoscevo solo due regole: fai divertire il pubblico e parla di quello che sai fare. Quindi ho scritto di sesso.»

CARLA LONZI

«L'orgasmo vaginale come problema scientifico equivale ormai alla disputa intorno al sesso degli angeli.

La donna non è la grande madre, la vagina del mondo, ma la piccola clitoride.

Per la sua liberazione chiede carezze, non eroismi. Vuole dare carezze, non assoluzione e adorazione. La donna (tenetevi forte) è un essere umano sessuato.»

RAFFAELLA CARRÀ

«Com'è bello far l'amore da Trieste in giù.
Com'è bello far l'amore, io son pronta e tu?»

JOSÉPHINE BAKER

Madre lavandaia
padre non pervenuto
da bambina fa la serva
nelle case dei bianchi
scappa di casa
lascia il Missouri
arriva a Parigi
balla e canta
nella Revue Nègre
vestita di poco
vestita di niente:
un gonnellino di banane
the first black superstar!
Trasgressione
libertà
charleston!

Ma arrivano i nazisti
e lei non ha dubbi:
collabora con la Resistenza
come agente del controspionaggio
nasconde documenti
guida ambulanze
compra un castello
adotta dodici figli
e quando torna in America
lo fa a testa alta
per marciare al fianco
di Martin Luther King.

ROSA PARKS

Si siede.
Silenzio.
Resta lì.
«Tu non puoi stare qui. Vai al tuo posto.»
Silenzio.
Resta lì.

«Questo posto è riservato ai bianchi. Vai al tuo posto, negra!»

Silenzio.

Resta lì.

«Ma sei sorda o sei cretina?! Togli il tuo culo nero di qui!»

Silenzio.

Resta lì.

E cambia la storia.

SIMONE WEIL

«Noi non possediamo nulla al mondo, perché il caso ci può togliere tutto, tranne il potere di dire io.»

3
Donne che cambiano il mondo

Il titolo *Se non posso ballare non è la mia rivoluzione* ci è venuto in mente quasi subito: non so a chi né come, d'altra parte tutto questo spettacolo è stato il prodotto di un'intelligenza collettiva. È una frase straordinaria non solo per la forza poetica che la anima, ma per il coraggio: oggi potrebbe sembrare un concetto banale, ma andatelo a dire un secolo fa, in un'America ben poco amichevole con le anarchiche femministe, mentre la polizia vi sta alle costole per «incitamento alla sovversione». O, peggio, nella Russia bolscevica che Emma Goldman, autrice di queste parole, tornò a visitare alla fine degli anni Dieci del Novecento, credendo in una rivoluzione che nulla aveva però a che vedere con i suoi ideali, per poi andarsene profondamente delusa.

Ha avuto un malore durante una conferenza ed è morta poco dopo, Emma, come Berlinguer; ma era il 1940, non ci sono video a ricordarci che anche le donne lottano, letteralmente, fino all'ultimo respiro. Molte di quelle che racconto nello spettacolo, nonostante il successo che perlopiù hanno avuto o forse proprio per questo, hanno dovuto lottare parecchio. In molti casi – Marilyn Monroe e Judy Garland, per esempio – hanno sofferto la solitudine. Quando si affrontano certi temi c'è sempre in agguato il rischio della retorica, ma è sicuramente vero che – da Amelia Rosselli a Janis Joplin – le donne hanno dovuto pagare un prezzo elevato per i loro talenti.

Nel 2008, a Cava de' Tirreni, ho ricevuto il premio Mamma Lucia, insieme a suor Rita Giaretta, persona straordinaria che si batte contro la tratta delle donne. È stato allora che ho scoperto la storia di Lucia Apicella, che nel secondo dopoguerra ha dedicato anni della sua vita a raccogliere i resti dei tantissimi soldati – poveri guaglioni – caduti in quella zona, per cercare di identificarli e di restituirli alle famiglie. Questa donna semplice, dalla fede profonda e dai principi non negoziabili, rappresenta l'espressione di una *pietas* che va al di là di qualsiasi ideologia, e che mi sembra molto attuale e anche molto femminile, nel suo pragmatismo. Le donne *fanno*.

Pensiamo a come moltissime reagiscono quando si ammalano di cancro al seno. La prima reazione naturale è chiedersi: "Perché è successo a me?". Poi si guardano intorno, e la domanda cambia: "Succede, è successo a talmente tante, per quale motivo non avrebbe dovuto succedere anche a me?". Ma il terzo passo è un passo in avanti: "Va bene, quindi adesso cosa possiamo fare?". La malattia diventa un collante, il germe di un impegno: sono gli stessi medici a dire che la reazione delle donne, tutte insieme, ha cambiato anche i protocolli, li ha costretti ad ascoltare le loro aspettative, i loro bisogni. Invece, di fronte alla malattia, la reazione maschile è in genere completamente diversa: gli uomini si vergognano, si nascondono. Per loro la malattia è comunque uno stigma sociale, un segno di debolezza: a loro è richiesto di essere, o comunque di apparire forti, e temono che mostrarsi vulnerabili spinga gli altri ad approfittare di loro, a metterli in secondo piano, a «farli fuori». E tacciono, celano, si isolano, prigionieri dei loro stereotipi quanto noi lo siamo dei nostri.

Rompere questi tabù ed estrarne – possibilmente vivi – gli esseri umani che ne sono prigionieri è uno dei compiti della cultura, una delle possibili benedizioni dell'arte. In questo senso, se vogliamo etimologico, *Se non posso ballare non è la mia rivoluzione* è uno spettacolo politico: riguarda la polis, è uno spazio di testimonianza civile, di condivisione, di comunità. Riguarda il senso di molte cose, di molte vite vissute in molte epoche diverse e a volte lontane, ma che in qualche modo parlano anche alla nostra. Cerca non solo di sfatare luoghi comuni, ma di condividere informazioni che pochi conoscono o ricordano: per esempio, che la *Carta de logu* sia rimasta in vigore per cinquecento anni, che sia stata una donna a promulgarla, Eleonora d'Arborea, giudicessa e di fatto regina, e che per la prima volta nella storia abbia sancito che tutti gli esseri umani sono uguali davanti alla legge, e scusate se è poco. Parliamo tanto della Dichiarazione dei diritti dell'uomo ma c'è un precedente, ed è opera di una donna.

Ci sono altre signore di potere come lei, in questo racconto, anche se storicamente il potere, persino se legittimo, alle donne è stato spesso negato. Qualcuna lo ha ereditato, come nel caso di Elisabetta I. Forse in qualche prossima edizione dello spettacolo valuteremo se aggiungere anche Elisabetta II che, come la sua omonima, si è assunta totalmente il carico del ruolo, ha interpretato il potere come una responsabilità a cui dedicare la vita. Voglio sperare che questa concezione del potere, come mezzo e non come fine, sia condivisa da almeno alcuni dei maschi che hanno dominato il mondo per millenni, anche se francamente mi sembra più appannaggio femminile: non *l'amore* per il potere ma *l'uso* del potere. Avere potere ma non identificarvisi, esercitarlo ma non lasciarsene definire. Mi sembra che alcune, se non tutte queste grandi donne, lo abbiano capito molto bene, mentre nella concezione maschile – che, attenzione, magari non è condivisa proprio da tutti gli uomini – esiste l'idea che il potere appaghi in sé, esattamente come succede con il denaro. Che sia, o sia diventato, un fine anziché un mezzo.

Certo, che venga dalla politica o dalla ricchezza, lo status ti mette al riparo dal giudizio, perlomeno da quello negativo o aggressivo, e facilita un'autorappresentazione gratificante. Difficile che qualcuno ti critichi o ti sbeffeggi se puoi fargli tagliare la testa, come testimoniano le brevi vite di alcuni incauti giullari di corte. Forse l'autorappresentazione femminile subisce meno i colpi del giudizio, perché è più complessa, probabilmente più contraddittoria, ma anche più sfaccettata. Vogliamo spingerci a dire più hegeliana? Subito prima o subito dopo aver sputato su Hegel – ma anche durante –, usiamolo, questo Hegel, per raggiungere una sintesi. E dare un senso nuovo alla storia.

Mi piace ricordare quelle che hanno cambiato il verso della storia con il passo di lato e in avanti della trasgressione, una specie di mossa del cavallo, spiazzante e spesso rischiosa. Alcune lo hanno trasformato in un innegabile segno del loro innegabile successo, come per esempio Joséphine Baker o Mae West. Ma la loro non è mai trasgressione fine a se stessa. È trasgressione filosoficamente feconda, come quella di Carla Lonzi; o che ha cambiato il costume, come quella di Raffaella Carrà, che ha portato la trasgressione in prima serata il sabato sera: è un infrangere qualcosa che andava infranto, per liberare anche le altre. Pagando, come al solito, un prezzo alto, e d'altra parte il talento non è comodo né lo sono le vocazioni: pensiamo a Teresa d'Ávila, che certo è stata la prima donna a essere nominata dottore della Chiesa, ma che tanto per cominciare ha dovuto difendersi da un'accusa di possessione demoniaca. Pensiamo a Giovanna d'Arco che dice: «Io sono piccola, la Francia è troppo pesante per me», portando la tenerezza nel cuore della battaglia. E che ci ricorda tante, troppe martiri di oggi: le giovani donne che si oppongono alle dittature, le ragazze ammazzate sull'autobus che le porta a scuola. Spesso non ricordiamo i loro nomi e magari nessuno darà loro credito per aver contribuito a un cambiamento, ma lo hanno fatto, spesso sono cadute in battaglia, ma non hanno perso la guerra.

È quasi una rimozione, quella rispetto alle donne che hanno cambiato la storia. D'altra parte, basta ascoltarci quando parliamo: spesso chi dice «una regista» sente il bisogno di aggiungere «donna», anche se «una regista uomo» sarebbe sintatticamente curioso. Un regista basta a spiegare se stesso, di una regista va specificato il sesso, perché siamo ancora increduli che possa accadere, che si tratti effettivamente di una donna: potrebbe facilmente essere un refuso. Un errore della storia, magari. Per risolvere questa rimozione, più che cambiare lo sguardo *sulle* donne, sarebbe importante cambiasse lo sguardo *delle* donne. Non basta l'appartenenza di genere, lo stiamo vedendo nella politica nazionale e non solo; bisogna che sia lo sguardo femminile, su di noi prima ancora che sul mondo, a fare la differenza.

Lo spettacolo cerca di dare un contributo: tenta di illuminare eccellenze meno conosciute, di suscitare il desiderio di scoprirne altre e di farle scoprire, di contribuire alla creazione di un precedente di fierezza, di appartenenza che non è per niente scontato. Le donne che si affermano in qualche campo vengono spesso definite delle pioniere: molte lo sono, certo, ma dietro di loro raramente c'è il deserto. C'è stato tanto talento, tanto lavoro, tanto impegno (qualcuno preferisce chiamarla tigna), tanti successi declinati per secoli e millenni. Non siamo e non dobbiamo sentirci sole.

Vorrei che soprattutto le più giovani uscissero

dal teatro rafforzate nei loro obiettivi: stanno facendo il loro pezzettino – di carriera, di battaglia – e lo possono fare perché sono brave, ma anche perché, prima di loro, altre ci sono riuscite, in situazioni magari oggettivamente più difficili. Altre hanno fatto cose che voi umani – che noi umane... Solo che spesso non lo sappiamo: da qui è nata l'urgenza di andare a raccontarlo, l'immenso contributo femminile alla scienza, alla letteratura, alla filosofia, alla civiltà. Queste sono cento donne che hanno fatto cento cose importanti, cento rivoluzioni, grandi e piccole: ma a differenza di Aureliano Buendía non le hanno perse tutte. Cento donne a volte libere, a volte meno, che spesso hanno dovuto pagare prezzi altissimi, ma un segno lo hanno lasciato. Speriamo che possano essere, se non un esempio, perlomeno un conforto, un incoraggiamento. Un invito a cambiare sguardo. Perché quello maschile non basta più. Forse nemmeno agli uomini.

Quegli uomini che ci sono stati raccontati a piene mani: il narratore, nei secoli, è sempre stato in prevalenza maschile. E loro hanno scelto di narrare più se stessi che noi. Le eccezioni per fortuna ci sono state e ci sono, e a volte sono particolarmente preziose: penso per esempio a *Madame Bovary*, un ritratto femminile molto attento e molto vero, anche se poco lusinghiero (ma d'altra parte, visto che l'autore ha dichiarato di identificarsi totalmente con la sua protagonista, forse sotto sotto c'era persino una sorta di velata autocritica). E ci dimostrano che quando gli sguardi maschili si posano su di noi non per corrompere, violare, possedere, prevaricare, ma semplicemente per capire, riescono a raccontarci benissimo. Peccato che lo facciano raramente, oppure smussando gli angoli, ignorando le contraddizioni, imprigionandoci negli stereotipi. Immaginandoci invece di decifrarci. Idealizzandoci anziché guardarci come siamo.

In ogni singolo libretto d'opera, per esempio, Saffo, che nella vita reale era notoriamente lesbica, muore per amore di un uomo; e Pentesilea, regina delle Amazzoni, pure. Si innamorano, peccano, e poi defungono, perché è una verità universalmente riconosciuta non solo che uno scapolo in possesso di un buon patrimonio debba necessariamente cercare una moglie, ma anche che colei che per lascivia o sventatezza abbia peccato debba necessariamente lasciarci le penne: dall'Antico Testamento almeno fino a *Rambo* è andata così. Comincia a cambiare ora, da quando a raccontare siamo noi, dal nostro punto di vista: e non ci stiamo, a morire per un bacio.

Certo, è difficile parlare d'amore evitando la retorica, e infatti dall'amore ci siamo tenuti piuttosto lontani, nello spettacolo. Non è stato difficile, perché – e so che questo sarà un grave colpo per tanti maschi – l'amore non era proprio l'unica luce nella vita di queste donne. Tutte, da Frida Kahlo a Marie Curie, da Amelia Rosselli a Goliarda Sapienza, da Eleanor Roosevelt a Margherita Hack, hanno amato qualcuno, o qualcuna, o meglio ancora qualcuno *e* qualcuna, ma hanno anche vissuto passioni più totalizzanti.

Ci sono nelle loro vite grandi amori, a volte

addirittura amori epici. Anna Magnani ne ha vissuti di celebri; Lillian Moller Gilbreth aveva dodici figli; Cristina di Belgiojoso si è divertita parecchio tra un'insurrezione e l'altra; Joséphine Baker ha avuto molti amanti; Maria Callas è stata devastata dall'amore, e così via. Ma non è quello il punto delle loro vite. Queste donne hanno spettinato le priorità, hanno scoperto altre dimensioni oltre a quelle della relazione e del sentimento. Queste storie d'amore noi le possiamo anche raccontare, ma non è per queste storie d'amore che Magnani e Belgiojoso, e Kahlo, e Callas, e Baker e le altre resteranno immortali. È il talento che conta. E il talento non esclude nient'altro, così come non garantisce un'esistenza felice – e d'altra parte non può farlo nemmeno l'amore, nemmeno la bellezza.

Come dice John Lennon, la vita è quella faccenda che ti capita mentre sei impegnato a fare altri progetti. Per fortuna.

WILMA RUDOLPH

Ottanta chilometri per raggiungere l'ospedale,

quattro volte a settimana,

un tutore alla gamba sinistra e una diagnosi:

«Poliomielite. Non camminerà più».

Ma sua madre non crede al dottore e lei crede a sua madre.

Cinque anni dopo cammina senza tutore.

Nel '56 alle Olimpiadi arriva terza.

Ma scopre che il bronzo non brilla, così aspetta altri quattro anni.

E alle Olimpiadi di Roma del 1960, per tre volte è oro:

100 metri, 200, staffetta.

AUDREY HEPBURN

«Chi non crede nei miracoli, non è realista.»

MONICA VITTI

«Dicono che il mondo è di chi si alza presto. Non è vero: il mondo è di chi è felice di alzarsi.»

MICHELA MURGIA

… troppo presto… troppo presto…

CHAVELA VARGAS

Nasce tra oceano e mare
malata
misera
rifiutata
abbandonata.
Cresce con gli sciamani,
la loro magia la cura.
Canta.

E poi Città del Messico
suoni
colori
Rivera
Siqueiros
Breton
Trotsky
Buñuel.
Canta.

Si veste da uomo:
poncho
chitarra
sigaro
pistola
la mas macha entre los machos
e canta.

E beve
cerveza
tequila
brandy

rhum
finché la vita le scivola via
sparisce
e nessuno lo sa
dove finisce.

FRIDA KAHLO

«Ho sempre pensato di essere la persona più strana del mondo, ma poi ho pensato: ci sono così tante persone nel mondo, ci dev'essere per forza da qualche parte qualcuna proprio come me, che si sente bizzarra e difettosa nello stesso modo in cui mi sento io. Se tu sei là fuori sappi che sì, è vero, sono qui e sono strana, proprio come te.»

SAFFO

Φαίνεταί μοι κῆνος ἴσος θέοισιν
ἔμμεν' ὤνηρ, ὄττις ἐνάντιός τοι
ἰσδάνει καὶ πλάσιον ἆδυ φωνεί-
σας ὐπακούει.

ELEONORA D'ARBOREA

«De delinquentes
De logare cavallu
De debitu pagadu
De su porcho mannali
De bestiamen in bingias
De sos pastores
De sa carta de logu...

La Sardegna dei tempi miei era una terra senza regole, lotte tra bande, *homo homini lupus*. Poi sono arrivata io, giudicessa de fattu regina, e ho promulgato la *Carta de logu*. Una carta dei diritti così illuminata, così egregia che è restata in vigore cinque secoli. Dal 1300 al 1800.

Sanciva tante cose ma una su tutte e per la prima volta nella storia: che tutti gli esseri umani, di fronte alla legge, uguali sono.»

ELEANOR ROOSEVELT

«Tutti gli esseri umani nascono liberi ed eguali in dignità e diritti.»

Dichiarazione universale dei diritti umani, 1948, articolo 1.

Dietro ogni grande carta c'è una grande donna.

EMMA LAZARUS

«Qui, dove si infrangono le onde del nostro mare
si ergerà una donna potente con la torcia in mano
e avrà nome Madre degli Esuli.
"Dateli a me" ella dirà,
"i vostri derelitti, i vostri poveri,
le vostre masse infreddolite
i miseri rifiuti delle vostre coste affollate.
Mandateli a me
e io solleverò la mia fiaccola accanto alla porta dorata."»

Questi versi, incisi sul piedistallo della Statua della Libertà, li ha scritti lei.

Hanno accolto milioni di esuli da tutto il mondo.

E sono ancora lì.
Ma Trump lo sa?

IPAZIA

«Verso il cielo sono rivolti i tuoi pensieri,
Ipazia sacra, bellezza del ragionamento,
astro incontaminato della cultura sapiente.»
Matematica, astronoma, filosofa,
amata, stimata, trucidata.

GIOVANNA D'ARCO

«L'arcangelo san Michele mi diceva: "Giovanna, corri in soccorso del re di Francia, devi fargli riavere il suo regno".

"Pietà, mio signore, io sono solo una bambina! Sono piccola, ignorante, non sono affatto forte. Ci sono molti grandi capitani vicini al re, loro sono forti, loro sono abituati a fare la guerra. E poi, anche se perdono uomini in battaglia, dormono in pace lo stesso... non fanno che cancellarli dagli elenchi. Io invece mi tormenterei troppo. Pietà, mio signore."

Eh no, nessuna pietà. L'arcangelo era già scomparso, e io avevo il peso della Francia su di me.»

RITA ATRIA

La mafia uccide suo padre e poi suo fratello.

Anche loro sono uomini di cosca. La sua famiglia è famiglia d'onore.

Ma lei no. Lei è diversa. Lei parla.

«L'unica speranza è non arrendersi mai.
Forse un mondo onesto non esisterà mai,
ma se ognuno di noi prova a cambiare,
forse, un giorno,
ce la faremo.»

Lei parla.

E arrivano numerosi arresti.

Ma dopo la strage di via D'Amelio, si getta dal quinto piano.

Ha diciassette anni.

Sua madre distrugge la sua lapide a martellate. «Perché ha parlato.»

ILARIA ALPI

«Dov'è finita questa immensa mole di denaro, 1400 miliardi di lire, che l'Italia ha dato alla Somalia per la cooperazione?»

Non lo sapremo mai, perché Ilaria viene uccisa in un agguato, il 20 marzo 1994 a Mogadiscio, insieme al suo operatore Miran Hrovatin.

Quella di Ilaria è la prima grande inchiesta sullo smaltimento dei rifiuti tossici.

A trent'anni di distanza, la verità sulla sua morte non è ancora stata detta: si sa, ma non si dice.

ANNA POLITKOVSKAJA

«Un giornalista che tace davanti all'ingiustizia è colpevole come chi quell'ingiustizia la compie e la tollera.

Ci si deve assumere la responsabilità.»

Anna viene assassinata a Mosca nel 2006 nell'ascensore di casa. Ha ancora le borse della spesa in mano.

Le circostanze della sua morte non sono ancora state chiarite.

Difficilmente lo saranno.

DAPHNE CARUANA GALIZIA

«Ci sono criminali ovunque si guardi. La situazione a Malta è disperata.»

Mezz'ora dopo aver scritto queste parole, il 16 ottobre 2017, Daphne, archeologa e giornalista, madre di tre figli, esce di casa e sale sulla sua Peugeot 108. Pochi istanti dopo, i frammenti dell'automobile e del suo corpo sono sparsi in tutta l'area circostante.

EMILY DICKINSON

«Provare lutto per la morte di persone che non

abbiamo mai visto implica una parentela vitale tra l'anima loro e la nostra.

Per uno sconosciuto, gli sconosciuti non piangono.»

MERCEDES SOSA

Quando i militari prendono il potere in Argentina, viene arrestata ed esiliata. Ma quando finalmente il regime cade – cambia, *todo cambia* –, torna in patria, e naturalmente lo fa cantando.

QIU JIN

Sa che stanno arrivando ma non scappa.

È una giovane poetessa e giornalista che alla fine dell'Ottocento si batte per rovesciare il governo feudale che opprime la Cina.

È arrestata, decapitata.

Per paura di ritorsioni, la sua famiglia abbandona il suo corpo in una fossa comune.

Ma la notte di Capodanno, nel mezzo di una

tempesta di neve, la sua amica del cuore e chissà, ci auguriamo qualcosa di più, ne trafuga le spoglie e le porta sulle rive del Lago dell'Ovest dove tuttora riposano.

«Ho cavalcato da sola sui venti dei mari dell'Est per diecimila leghe

i miei pensieri poetici si sono espansi

come una vela tra oceano e cielo.

Non ditemi che le donne non possono essere eroi.»

IRMA BANDIERA

Per sette giorni i fascisti la torturano e per sette giorni non rivela un solo nome dei suoi compagni.

La trascinano davanti alla casa dei genitori, che guardano dalla finestra, pronti a riabbracciarla se solo si decidesse a farli, quei nomi.

Ma lei no, lei non parla.

Così la fucilano lì, davanti a casa sua, a ventinove anni.

HANNAH ARENDT

«Il male non può essere radicale, ma solo estremo; non possiede né una profondità, né una dimensione demoniaca. Può ricoprire il mondo intero e devastarlo, certo, perché si diffonde come un fungo sulla sua superficie. Invece il pensiero vuole andare in fondo, arrivare alla radice delle cose, così quando s'interessa al male viene frustrato, perché nel male non c'è nulla. Il male è banale.»

ANNA FRANK

«Io non penso a tutte le miserie, ma a tutta la bellezza che ancora rimane.»

Aveva tredici anni.

GERTRUDE STEIN

«Dove, suo malgrado, muore una rosa, l'anno dopo ne nasce una nuova.

Perché una rosa è una rosa è una rosa.»

EDITH STEIN

«Santo Padre!

Come figlia del popolo ebraico, che per grazia di Dio è da undici anni figlia della Chiesa cattolica, ardisco parlare al papa di ciò che preoccupa milioni di tedeschi. Da settimane siamo spettatori, in Germania, di atti che comportano un totale disprezzo della giustizia e dell'umanità, per non parlare dell'amore per il prossimo.»

Edith scrive la sua lettera al papa il 12 aprile 1933.

Il 2 agosto 1942 le SS la prelevano a forza dal suo convento di clausura e la portano a morire ad Auschwitz.

MARLENE DIETRICH

«Signora Dietrich, perché lei è stata antifascista?»

«Per decenza.»

TERESA MATTEI

Il 25 giugno 1946 per la prima volta le donne italiane entrano in Parlamento. Elette.

Teresa è la più giovane.

«Onorevoli colleghi, la Costituzione sancisce che le donne debbano avere accesso alla

Magistratura...»

«Signorina!»

«Sarebbe "deputata" o "onorevole".»

«Signorina deputata. Le donne in Magistratura? Ma è un'eresia, uno scempio, giammai! Ma lei lo sa che in certi giorni del mese le donne non ragionano?»

«E lei, onorevole collega, lo sa che ci sono uomini che non ragionano in nessun giorno del mese?»

RUTH BADER GINSBURG

La Corte Suprema è il livello più alto della magistratura americana. È stata creata nel 1789 ed è composta da nove membri.

Dal 1789 al 1981 sono stati solo membri. Tutti giudici maschi.

Però dal 1981 sono arrivate le donne… cinque… in quarant'anni.

Tra loro, Ruth.

Quando le chiedevano «Quando ci saranno abbastanza donne nella Corte Suprema?» ha sempre risposto: «Quando ce ne saranno nove».

TINA ANSELMI

«La democrazia è un bene delicato, fragile, deperibile. La democrazia non è solo libere elezioni, non è solo progresso economico. È giustizia, è rispetto della dignità umana, dei diritti delle donne. È tranquillità per i vecchi e speranza per i figli. È pace.»

EMMA GOLDMAN

«*If I can't dance it's not my revolution!*»

Infiamma la folla di New York, Emma la rossa, l'anarchica arrivata da San Pietroburgo.

Parla di giustizia, scioperi, aborto, parità, uguaglianza, libero amore.

«Vogliamo tutto: il pane e le rose! Se non posso ballare non è la mia rivoluzione!»

L'arrestano, la rimpatriano, e finisce dritta dritta nella rivoluzione, quella vera, quella russa: il socialismo che vince, il proletariato che prende il potere, il sogno che diventa realtà e poi... l'incubo.

E lei capisce tutto, subito, prima di tutti:

«Se l'attuale situazione si prolunga, la stessa parola socialismo diventerà una maledizione.

If I can't dance it's not my revolution».

MARTHA GRAHAM

Martha Graham sta alla danza come Mary Quant sta alla moda: una rivoluzione.

«Io non mi sono mai considerata un genio. Credo che un'espressione molto più adeguata a definirmi sia "cane da riporto", un bel cane da riporto, forte e con il manto dorato che riporta alla memoria cose del passato.»

PINA BAUSCH

«Una monaca col gelato, una santa con i pattini a rotelle, un volto da regina in esilio, da fondatrice di ordine religioso, da giudice di un tribunale metafisico che d'improvviso ti strizza l'occhio.»

Pina Bausch secondo Federico Fellini.

Pina vuole che i suoi danzatori siano anche autori e attori, e per farli ballare non è che gli fa fare la sbarra: gli fa delle domande.

«Da piccolo avevi paura di buio?»

«C'è un modo per aiutare gli animali a morire?!»

«E il rapporto con tua madre, come è?!»

Roba che se tu entri in una stanza e casualmente parte un tango, lei per farti ballare è capace di chiederti:

«Cosa ti viene in mente se io dice... cinema russo?!».

ESFIR SHUB

Nel 1927 il Soviet, notoriamente supremo, commissiona un documentario per celebrare il decimo anniversario della Rivoluzione d'Ottobre.

E a chi lo commissiona, a Ėjzenštejn?

No, a lei.

Esfir è un nome femminile, che ci crediate o no.

Così Esfir va a Leningrado, esamina sessanta chilometri di pellicola, ne sceglie cinque, ma per quello che vuole fare non bastano e così gira nuove immagini. Le mischia insieme a quelle già esistenti e inventa un genere: il documentario di montaggio, l'antenato della docufiction.

MARIA LAI

«Ajò, ventisette chilometri di nastro blu?!»

«Eja, quella un'artista famosa è.»

«E a che le servono?»

«A legare le case nostre tra di loro e le case al monte.»

«Le case nostre!? Pogaridadi! Io col cavolo che mi lego a quel conch'e' minca del mio vicino!»

Il problema non è il nastro, sono le persone.

Maria ci mette un anno e mezzo a convincere
i concittadini
a collaborare
a passarsi quel nastro
di mano in mano
di casa in casa
per rompere i legami neri
del passato
del presente
per tessere una rete nuova
bella
e pacifica
e blu.

IRENA SENDLER

Duemilacinquecento bambini.
Li sottrae a
Treblinka
Auschwitz
Buchenwald
li affida a una rete di

donne
uomini
famiglie
persone.
La scoprono
la arrestano
le spezzano le gambe
ma viene salvata
da quella stessa rete
di donne
uomini
famiglie
persone.

LUCIA APICELLA

«Mamma Lucia, pure oggi andate?»
«Eh, se non lo faccio io, chi lo fa?
Per anni
tutti i giorni
percorro i sentieri delle montagne vicine
a Cava de' Tirreni, il paese mio.

Scavo con la pala
raccolgo con le mani
ossa
brandelli
resti
di tanti, troppi guaglioni
tedeschi
americani
italiani
morti sparati
bombardati
squartati
caduti
e mai più tornati.
Rintraccio le famiglie loro
e restituisco quei miseri
amabili resti
alle madri loro.
Perché i morti so' morti
i figli so' figli
e la guerra fa schifo.»

TERESA SARTI

«Se ciascuno di noi facesse il suo pezzettino ci troveremmo in un mondo più bello senza accorgercene.» Il suo pezzettino si chiama Emergency.

Conclusione
La resistenza delle donne

Un giorno di settembre del 2023, mentre uscivo dal parrucchiere, una signora mi ha inseguito. Aveva in testa le stagnole dei colpi di sole, un asciugamano sulle spalle. Aveva sentito il mio intervento al funerale di Michela Murgia e mi voleva ringraziare. Mi ha abbracciato e ha mormorato: «Io a qualcuno lo devo dire, che ho pianto più per Michela che per la morte di mia madre». È il segno e la dimostrazione di una vita che ha saputo farsi testimonianza, che ha lasciato un'impronta indelebile nel cuore e nell'esistenza di molte persone, che ha portato conforto e comprensione, senso e lotta, e ha gettato i semi di un ricordo che dura.

È il segno di una resistenza.

Se non posso ballare non è la mia rivoluzione parla molto di resistenza, nel senso più quotidiano del termine. Credo che oggi resistere sia importante per salvaguardare quel minimo di etica, di umanità senza le quali come specie ci meriteremmo l'estinzione, senza appello. Oggi la resistenza femminile è, prima di tutto, resistenza allo sconforto: all'avvilimento, alla resa, alla tentazione dei remi in barca, del «chi me lo fa fare», perché riuscire a restare indignate ventiquattr'ore al giorno, trecentosessantacinque giorni l'anno non si può, non si può più, e comunque grazie, ho già dato, fate voi, io passo.

Contro questa tentazione, la prima difesa è la parola, il più possibile pubblica. Credo che nella presa di parola delle donne ci sia una qualità di resistenza più forte, non solo perché le ignominie che subiamo sono di più, ma perché il nostro è un diritto di parola più recente: solo da poco è diventato un po' più facile condividere le esperienze, le indignazioni. Solo da poco, nel lungo corso della storia, è diventato un po' più facile ribellarsi e resistere. Però la tentazione di arrendersi c'è, sempre di più, in tutte.

Tanti anni fa ho dichiarato con imperdonabile presunzione: «Il giorno che dovessi arrivare a dire "tanto non cambierà mai niente, sono tutti uguali, è tutto inutile", per favore abbattetemi». E invece oggi la tentazione è lì, in agguato dietro la fatica dei giorni e dei tempi. La fatica, spesso, di dover combattere così duramente per ottenere quello che dovrebbe essere ovvio, naturale, necessario. L'uguaglianza tra uomini e donne, il diritto di avere diritti, il rifiuto della guerra.

Conoscete qualcuno che la voglia, la guerra? Eppure continuiamo a costruire armi, e a mandarle in giro per il pianeta, e magari poi proviamo a lavarci la coscienza pretendendo di controllare il modo in cui queste armi verranno usate. Abbiamo una Costituzione? È in vigore? Contiene un articolo 11 secondo cui l'Italia ripudia la guerra come mezzo di soluzione delle controversie internazionali? La risposta è sì, a tutte e tre le domande. Eppure, nei fatti, operiamo perché la guerra continui, o meglio: non facciamo niente perché la guerra *non* continui. L'ipocrisia è la stessa di sempre, la stessa che fece scrivere a don Lorenzo Milani la sua lettera ai cappellani militari. Ma oggi che assistiamo a guerre sempre più sporche, formalmente non dichiarate, in cui le invasioni sono «operazioni» e gli eserciti invadono un territorio e combattono non contro altri eserciti ma contro le popolazioni, i civili, gli inermi (che significato spaventoso ha assunto la frase «prima le donne e i bambini»), oggi questa ipocrisia è diventata intollerabile. Non la vuole nessuno, la guerra, nessuno ci va volentieri, in guerra, eppure generazione dopo generazione i ragazzi è proprio in guerra che si ritrovano: gli stessi ragazzi, da una parte e dall'altra. Non c'è differenza tra loro, hanno la stessa età, hanno la stessa faccia, per dirla con De André lo stesso identico umore e, tuttavia, divise di diverso colore. A tutti loro e a tutti noi Ecuba, sfortunata ma indomita regina di Troia, ancora oggi potrebbe rivolgere le sue parole sprezzanti: «Voi, Achei, il cui vanto sono più le armi che il cervello». Parole che le sono state messe in bocca da un uomo, un grande drammaturgo che si chiamava Euripide, e che tutto questo lo aveva già capito oltre quattrocento anni prima di Cristo. Eppure, non se ne esce. Resistenza, quindi, è anche prendersi gli insulti quando si prova a esprimere un'opinione non convenzionale, come quella di Mamma Lucia, ricordate? La guerra fa schifo. Resistenza significa portarla alle estreme conseguenze logiche, questa opinione: la guerra fa schifo, siamo tutti d'accordo, quindi non bisogna farla.

È utopistico, è impossibile? Robert Frost in una sua poesia ha detto che non bisogna accontentarsi di quello che si ha a portata di mano, altrimenti a che cosa servirebbe il cielo? Teresa Sarti, che per anni ha tenuto in vita Emergency, ha espresso un'idea ancora più forte: migliorare il mondo non solo è possibile, ma è una responsabilità individuale. Teresa mi aveva raccontato di essere andata a visitare un ospedale di Emergency in Afghanistan e di essersi trovata in una tenda piena di soldati che le chiedevano consigli su come poter lavorare per la pace. Chi fa la guerra lo sa cosa significa, ed è il primo a non volerla. E sono tutte queste resistenze insieme che possono cambiare il mondo – almeno un po', almeno un pezzettino.

Marguerite Yourcenar, facendo parlare l'imperatore Adriano, dà voce a un'epifania vera e propria, a una rivelazione, deflagrante nella sua semplicità: che in ogni angolo del mondo chiunque dovrebbe sempre trovare un minimo di legalità e di cultura. A ogni replica queste parole vorrei ripeterle, ribadirle, magari servendomi di un megafono: avete sentito bene, anche nelle ultime file? Avete capito tutti che enormità ho appena detto? Legalità e cultura, ecco di cosa abbiamo bisogno. Di valori condivisi. E di gratitudine, di felicità collettiva contro la cattiveria e le frustrazioni dei singoli. Abbiamo bisogno di allegria, come spiega Elsa Morante in quel suo testo pirotecnico, sessantottino, eppure così indispensabile ancora oggi. Cercare, e cantare, la felicità dei Felici Pochi, contro l'infelicità tossica degli Infelici Molti. E ricordarci che questa terra non è mica roba nostra: è in prestito, e dobbiamo renderla in condizioni magari non migliori ma almeno non troppo peggiori, rispetto a come l'abbiamo trovata. E sentirci, come siamo, responsabili della bellezza del mondo.

Questo è il cuore della resistenza, e pensate un po': anche resistenza è un sostantivo femminile.

MARGUERITE YOURCENAR

«Mi sentivo responsabile della bellezza del mondo. Volevo che le città fossero splendide,

piene di luce, irrigate d'acque limpide, popolate da esseri umani il cui corpo non fosse

deturpato né dal marchio della miseria o della schiavitù, né dal turgore di una ricchezza

volgare. Volevo che l'immensa maestà della pace si estendesse a tutti,

infinita ed eterna come la musica del firmamento; che il viaggiatore

più umile potesse errare da un paese, da un continente all'altro, senza pericoli, sicuro di trovare ovunque un minimo di legalità e di cultura; che il mare fosse solcato da

belle navi e le strade percorse da vetture frequenti; che, in un mondo ben ordinato, i

filosofi avessero il loro posto e i danzatori il proprio.

A questo ideale, in fin dei conti modesto, ci si avvicinerebbe abbastanza spesso se gli uomini vi applicassero una parte di quell'energia che van dissipando in opere stupide o feroci.»

ELSA MORANTE

«Buon anno. Ci risiamo. È il primo gennaio.
Secolo Ventesimo. Era atomica.
A quanto pare, d'anno in anno
i Felici Pochi diventano sempre più pochi
e sempre più infelici.
E si capisce:
gli Infelici Molti sono troppo affaccendati
a fabbricare trafficare istituire organizzare classificare propagandare

la loro enorme indispensabile felicità
per darsi pena dell'infelicità superflua
minoritaria
dei Felici Pochi.
Però si può sempre notare
il solito inquietante fenomeno plurisecolare:
in realtà, chissà perché,
l'infelicità dei Felici Pochi
è più felice assai che non la felicità
degli Infelici Molti!
La felicità degli Infelici Molti
non è allegra! Non è mai allegra!
Per quanto si diano da fare,
gli Infelici Molti ci si devono rassegnare:
LA LORO FELICITÀ È TETERRIMA! Questo
è regolare!
E l'infelicità dei Felici Pochi
invece è allegra! ALLEGRA!
Dovunque, in ogni caso è allegra,
ALLEGRA!
Nei ghetti
negli Harlem

in Siberia
nel Texas
a Buchenwald
in galera
sulla forca sulla sedia elettrica
nel suicidio.
Assolutamente irrimediabilmente
definitivamente
ALLEGRA!
Le sue urla sono allegre
il suo delirio è allegro
il suo sangue è allegro
le sue puzze odorano di ginestra e gelsomino fresco
e invece i profumi degli Infelici Molti odorano di muffa e orina secca.
Ve lo ripetiamo: Infelici Molti, rassegnatevi.
Rassegnatevi
o Infelici Molti, perché tanto è inutile.
Non c'è niente da fare
nien-te-da-fa-re!
La vostra felicità è triste da asfissiare

e invece l'infelicità dei Felici Pochi

evviva

quanto respira allegra!

Possibile che dopo centinaia di migliaia di milioni di disastri

questa commedia fallita si debba ancora replicare?!

Contro le vostre milizie sevizie immondizie

imprese spese carriere polveriere bandiere

istanze finanze glorie vittorie sciarpe littorie & sedie gestatorie

contro la vostra sana ideologia la vostra brava polizia

ghepeù ghestapò fbi min-cul-pop ovra rapp & compagnia

e tutta la vostra mortuaria litania

ci vale solo quell'unica eterna scaramanzia:

l'allegria

degli F.P., i Felici Pochi.

Comunque, se vi piace la tristizia, godetevela voi la vostra.

Questa terra non è mica roba vostra. È da secoli e da millenni
che noi cerchiamo di farvelo capire.
Mamma nostra non ci ha mica fatto per servire gli usi vostri.
Mica ci ha fatto gli occhi per guardare le tristi facce vostre.
Mica ci ha fatto gli orecchi per ascoltare le tristi chiacchiere vostre.
La vostra guerra non è la nostra. Noi siamo per l'allegria
e la grazia, ossia
la felicità.
Sarebbe una magnifica stravaganza
di scavalcare tutti insieme i tempi brutti
in un allegro finale: FELICI TUTTI!
Forse, il primo segreto essenziale
della felicità si potrebbe ancora ritrovare.
L'importante sarebbe rimettersi a cercare.»

Ringraziamenti

Se non posso ballare non è la mia rivoluzione ha debuttato nel gennaio del 2020: ben sette repliche. Poi, tutti chiusi in casa. Ma da quando siamo usciti di casa, percorre l'Italia raccontando la profondità sterminata dei talenti femminili. Ora comincia un nuovo e parallelo viaggio, con questo libro.

Ringrazio Serena Dandini da cui è nata la scintilla e di cui non mi è mai mancato il sostegno; Serena Sinigaglia e Gabriele Scotti, con i quali ho pensato, costruito, rifinito lo spettacolo; Maria Spazzi, Roberto Canavesi e tutti coloro che hanno lavorato per portarlo in scena.

Grazie a Mariangela Pitturru, alla sua energia

e alla sua generosità. Grazie alla mia editor Michela Gallio, alla sua redazione e allo studio editoriale capeggiato da Sara Grazioli – che ha un grazie pure nel nome.

Noto, sul finale, che questi ringraziamenti sono a maggioranza femminile. Ma sarà un caso, naturalmente.

Bibliografia

Antologia palatina, Einaudi, Torino 1981.

Hannah Arendt, *La banalità del male. Eichmann a Gerusalemme*, Feltrinelli, Milano 1964.

Karen Blixen, *Il pranzo di Babette*, Einaudi, Torino 1997.

Truman Capote, *Musica per camaleonti*, Garzanti, Milano 2000.

Serena Dandini, *Il catalogo delle donne valorose*, Mondadori, Milano 2018.

Eleonora Duse, Lettera a Francesco D'Arcais, 4 agosto 1885.

Euripide, *Le Troiane*, Einaudi, Torino 1980.

Anna Frank, *Diario*, Einaudi, Torino 1972.

Elsa Morante, *Canzone degli F.P. e degli I.M.*, in *Il mondo salvato dai ragazzini*, Einaudi, Torino 1968.

Grace Paley, *Responsabilità*, in *Volevo scrivere una poesia, invece ho fatto una torta*, Sur, Roma 2022.

Dorothy Parker, *Résumé*, in *Tanto vale vivere: racconti, poesie, prose*, La Tartaruga, Milano 2002.

Sylvia Plath, *La cornacchia nel tempo sospeso*, in *Opere*, Mondadori, Milano 2002.

Amelia Rosselli, *Per le cantate che si svolgevano nell'aria io rimavo*, in *Variazioni belliche*, Garzanti, Milano 2021.

Saffo, *Ode della gelosia*, in *Poesie*, Bur, Milano 2005.

George Sand, *Indiana*, Peruzzo, Sesto San Giovanni 1986.

Goliarda Sapienza, *L'arte della gioia*, Einaudi, Torino 2021.

Gertrude Stein, *Sacred Emily*, in *Selected Writings of Gertrude Stein*, Vintage Books, New York 1990.

Teresa d'Ávila, *Il libro della sua vita*, Unione tipografica-editrice torinese, Torino 1954.

Virginia Woolf, *Le onde*, Einaudi, Torino 1995.

Marguerite Yourcenar, *Memorie di Adriano*, Einaudi, Torino 1963.

Indice

Questo libro è stampato fabbricato da Grafica Veneta S.p.A.
con un processo di stampa e rilegatura certificato 100% carbon neutral
in accordo con PAS 2060 BSI

Finito di stampare nel mese di gennaio 2025
per conto di RCS MediaGroup S.p.A.
da Grafica Veneta S.p.A., Via Malcanton 2, Trebaseleghe (PD)
Printed in Italy